Christian Buck – Friederike Hübner-Mehler
Manfred Karlinger – Sepp März
Günther Platzer – Hans Seifert – Willi Simader

Minzenkugeln aus der Schublade

Christian Buck – Friederike Hübner-Mehler
Manfred Karlinger – Sepp März
Günther Platzer – Hans Seifert – Willi Simader

Minzenkugeln aus der Schublade

Erzählungen
Lieder
Gedichte

© 1987 Stöppel-Verlag, Weilheim
ISBN 3-924012-21-0
Lektorat: Marianne Faiss-Heilmannseder
Gesamtherstellung: Jos. C. Huber KG, Dießen
Titelseiten-Litho: FOTOLITO LONGO, Frangart/Südtirol
Illustrationen: Hermut K. Geipel, München
Gesamtgestaltung: Volker Linn, Wolfratshausen
Notensatz: Satz & Grafik, Planegg

Inhalt

Hans Seifert
Geburtstagsständchen (9) – Dahoam (40) – Frühlingsfahrt (71) – Sonntagmorgen über dem See (101) – Heimat (131) – Maria Verkündigung (161) – Sommerabend über dem See (191)

Christian Buck
Minzenkugeln aus der Schublade (11) – Beim Zahnarzt (15) – Die Schildkröte (20) – Der Zirkus (23) – Faschingsabenteuer eines Kaminkehrers (28) – Die ersten Tatzen (31) – Der Hallerhallerdummerdepp (37)

Friederike Hübner-Mehler
Die Sünde geht um (43) – Der Zylinder (46) – Sehr frühe Liebe (48) – Waterloo (51) – Hoheit am Herd (53) – Amtlich geprüfter Preuße (55) – Bildung muß sein (58) – Der Tag neigt sich (60) – Internationale Verständigung (62) – Weilheimer Kulturkreis (66)

Manfred Karlinger
Die Eintrittskarte (73) – Der Lindenbaum (74) – Der Löwenzahn (75) – Verse in der japanischen Haiku-Form: Vier Jahreszeiten (76) – Der Führerscheinneuling (78) – Ein Sommer-Sonnentag (79) – Kurzbesuch (80) – Meine Tante Lotte (81) – In einem Caféhaus (83) – Platz 669 (85) – Der vierte Nachbar (87) – Die Notlüge (88) – Der evangelische Hund (89) – Philipp „Peng" oder Die verkürzte Herbergssuche (90) – Eine himmlische Hilf (92) – Dem Himmel ganz nah (92) – Nix Zwilling (93) – Der Nikolaus (94) – Ein König ohne Reich (95) – Minutenkripperl (96) – Des Christkinds Sonderfahrt (97) – Kloaner Kern (99) – Segenswünsch (100) – Sage nicht (100)

Sepp März
Wildwest auf dem Bauernhof (103) – Fasenacht (105) – Andechser Burschenbeichte (107) – Dorfpassion (110) – Das vergessene Kreuz (112) – Das Bugeis (115) – Der Ganserer (117) – Gott Amor (118) –

Oster-Erinnerungen (120) – Dialekt ist Heimat (123) – Der Storch (125) – Der Schnupfi (127) – Abschied in der Ferne (129)

Günter Platzer
Die erste Turnstunde (133) – Geburtstagsgeschenke (136) – Die erste Zigarette (139) – Die ungeliebte Hose (143) – Die Fliege oder Operndreß anno dazumal (147) – Fingeraushakeln (151) – Das Original oder An höchster Stelle (154) – Nachrichten (159) – Wiar a kloans Kinderl bet (160)

Willi Simader
Der Nikolaus (163) – Das fromme Krippenspiel von der Fräulein Zwickenbüchs (165) – Das psychologische Weihnachtsgeschenk vom Onkel Pepi (168) – Warum der Zangerl Felix ein Genie ist (171) – Der Herr Hingerl und die Weps (173) – Die Aussicht (175) – Der Löwenzahn (176) – Der Schuster Flimmerl und der heilige Michael (178) – Lebenszweck (182) – Der Kleinwagen (183) – Das Lied von der Einsamkeit (184) – Der kleine Magnet mit der Sehnsucht im Leib (185) – Ergebnis der Existenzial-Philosophie (186) – Der Solist (187) – Etwas über unsere Justiz (188) – Sensation (189) – Der kleine Stein (190)

Die Schublade

Diesen – im Zusammenhang mit der Schriftstellerei doppelsinnigen Namen – gibt sich die Vereinigung der Autoren, die zu diesem Buch beigetragen haben.

Auf Betreiben von Christian Buck begann die Gemeinschaft Ende 1984 mit ihrem Wirken. Die Mitglieder treffen sich zu gegenseitigem Anhören und zu kritischen Auseinandersetzungen. Bei öffentlichen Lesungen sind in aller Regel Gäste als Mitwirkende geladen, darunter auch schöpferische Musiker, Tanzgruppen und Puppenspiele. Binnen kurzer Zeit hat sich DIE SCHUBLADE in mehreren Orten feste Kreise von Zuhörern geschaffen.

Die Autorengemeinschaft hat kein literarisches Programm. Was sie will, läßt sich in drei Sätzen zusammenfassen:
- Die Schreiber lassen Menschen und Dinge sein, wie sie sind, begegnen ihren Schwächen und Fehlern lieber mit augenzwinkerndem Humor als mit grimmigen Anschuldigungen.
- Sie jubeln weder eine heile Welt in den Himmel noch klagen sie eine zerfallende Umwelt an.
- Sie schießen keine Salven von Selbstbemitleidungen in leere Räume, sondern zielen lieber mit einem Schuß Selbstironie auf die eigenen Fehler und Schwächen.

So geartet, kramen die Autoren nicht in ideologischen Allerweltsschubladen herum. Sie bleiben dort, wo persönliche Erinnerungen und Erlebnisse aufbewahrt sind, wo eigene Gedanken und Gefühle herausgeholt werden können – wie Minzenkugeln aus einer geheimnisvollen Schublade.

Hans Seifert

kam auf einem wunderschönen Hügel am Südende des Ammersees auf die Welt. Sein Vater war Kunstmaler, die Mutter, als Tochter des Lautensängers Robert Kothe, sang, musizierte und komponierte. In diese musikalische Familie hineingewachsen, wollte Hans Seifert Musiker werden. Eine Kriegsverletzung machte die rechte Hand steif und dem Berufstraum ein Ende. Die Mitarbeit in einer eigenen Werkstatt für Holzkunst und Kinderspielzeug erbrachte den Lebensunterhalt. Zäher Wille verhalf Seifert, sich wenigstens selber zur Laute begleiten zu können. Dafür entstanden die hier abgedruckten Texte und Melodien.

Geburtstagsständchen

Jetzt bist grad vierz'g Jahr jung, voll Schönheit, Charm u. Schwung. Gar vie - le Män - ner - au - gen, voll Sehn - sucht nach Dir schau - gen. Doch können nix der - le - ben, denn Du bist schon ver - ge - - - ben.

2.
Auch ich tät mich bemühn,
läg vor Dir auf den Knien.
Wär ich ein Minnesänger,
säng ich drei Tag und länger.
Mein Lied sollt Dich betören,
bis Du mich tätst erhören.

3.
Doch weil ich alter Lapp,
ja keine Chancen hab,
laß lieber ich das Klagen,
will nur mein Glückwunsch sagen:
Gesund und frisch sollst bleiben,
die Sorgen stets vertreiben.

4.
Besonders wünsch ich heut,
daß Dich das Leben g'freut.
Dein' Schönheit bleib erhalten,
Euch Jungen wie uns Alten.
Auf daß die Männeraugen,
noch lange nach Dir schaugen.

Christian Buck

ist geborener Münchner, in Weilheim aufgewachsen und wurde hier Rektor an der Hardtschule. Neben freier Mitarbeit an Tageszeitungen und am Bayerischen Rundfunk mit Beiträgen in Mundart und zur Heimatgeschichte veröffentlichte er mehrere Bücher mit Erzählungen, Lyrik, Mundart und Drama. Seine besondere Neigung gehört der Beobachtung und literarischen Wiedergabe des menschlichen Verhaltens im Alltagsleben, wobei oft die winzigste Einzelheit zum wesentlichen Spannungselement wird.

Minzenkugeln aus der Schublade

Minzenkugeln waren für meine Großmutter lebensnotwendig. „Ich glaub, wenn ich einmal keine Minzenkugeln mehr hab, dann muß ich sterben!" sagte sie manchmal und nickte dazu mit dem silberweißbehaarten Kopf, als wollte sie sich ihre Behauptung selber bestätigen. Wie immer, wenn sie über ihr Lebensende hinausdachte, wandte sie ihr Gesicht, ein von unendlich vielen feinen Fältchen zu einem Lebenskunstwerk verdichtetes Gesicht, mit einem in der Leere suchenden Blick zum Fenster, als wollte sie schauen, ob der Tod nicht schon daherkäme.

Ich wußte in solchen Augenblicken nichts anderes zu tun, als meinen Kopf in ihrem Schoß zu bergen, weil ich den Tod nicht sehen wollte vor dem Fenster. Erst wenn sie dann ihre immer leise zitternde Hand auf meinen Bubenkopf legte, wagte ich aufzublicken und uns beide zu trösten: „Brauchst noch nicht zu sterben, Großmutter! Hast ja noch Minzenkugeln in der Schublade!"

Minzenkugeln gibt es heute so selten wie Großmütter. Statt der Großmütter gibt es Omas, und anstelle der Minzenkugeln in einer Schublade haben die Omas Pfefferminzpastillen im Handschuhfach. Sowenig eine Oma das gleiche sein kann, was meine Großmutter war, sowenig kann es eine Pfefferminzpastille mit einer Minzenkugel aufnehmen. Minzenkugeln waren so scharf, daß ich sie ständig im Mund bewegen mußte, sonst hätten sie alsbald die Zunge oder den Gaumen angefressen.

Meine Großmutter allerdings, die konnte ihre Minzenkugel einfach in eine Backentasche schieben und dort im Laufe einer Stunde langsam zergehen lassen. Ich bewunderte das, aber es verwunderte mich nicht; denn sie konnte viel, das ich gar nicht erst zu probieren brauchte. Am besten konnte sie Geschichten erzählen. Und diese Geschichten hatte sie ebenso in ihrer Schublade aufbewahrt wie die Minzenkugeln.

Nun muß ich sagen, daß sich meine Großmutter mit dem Gehen schwertat. „Die Füße machen nicht mehr mit!" seufzte sie manchmal und wandte das feingefältelte Gesicht dem Fenster zu. Jeder Schritt bereitete ihr so arge Schmerzen, daß sie keinen zuviel tat. So hatte sie ihren Ohrensessel am Fenster stehen, und in Reichweite ihrer Arme prangte eine schöne, alte Kommode. In deren linken oberen Schublade, der einzigen übrigens, zu der sie noch einen Schlüssel besaß, bei der Politur und Farbe um den Messingknopf herum so abgegriffen waren, daß das blanke Holz zu sehen war, viel mehr abgegriffen als bei den anderen Schubladen, in dieser Schublade bewahrte sie ihre Minzenkugeln auf: kirschengroße, bunte Kugeln. Wenn ich eine kurz im Mund angefeuchtet hatte und wieder herausnahm, sah sie aus wie ein Glasschusser.

Ich weiß nicht, was meine Großmutter in den anderen Schubladen untergebracht hatte. In der Minzenkugelschublade aber bewahrte sie auch ihre Geschichten auf.

Ihre Geschichten? In der Schublade? Lacht nicht! Meine Großmutter hätte augenblicklich einen suchenden Blick zum Fenster gesandt, wenn ich über sie gelacht hätte! Sie sagte nämlich selber: „Diese Schublade steckt voller Geschichten."

Ob ich dies glaubte? Ich glaubte alles, was meine Großmutter sagte. Warum hätte ich ausgerechnet bei der Kommode zweifeln sollen? Brauchte ich doch bloß zu bitten: „Großmutter, hol eine Geschichte heraus!" Schon wandte sich ihr Blick zu mir, die feinen Fältchen gewannen allesamt an Leben, sie straffte ihren Oberkörper und beugte sich in ihrem Sessel so weit vor, daß ihre linke Hand den messingnen Schubladenknopf zu fassen bekam; und wenn sie die Lade aufgezogen hatte, hob sie ihre rechte Hand, diese ganz leicht zitternde Hand, deren Finger nicht mehr ganz gerade auszustrecken waren, hielt sie eine Zeitlang wie segnend über den scheinbar wertlosen Schubladeninhalt, bis sich mit einem Mal die Spannung ihres Gesichtes in ein Lächeln auflöste.

Mit diesem Lächeln wußte meine Großmutter, was sie aus der Schublade nehmen wollte.

Es gab darin ja bei weitem nicht nur die Schale aus geschliffenem Glas mit den Minzenkugeln. Alte Ansichtspostkarten, gebündelte Briefe, ein Kerzenschneuzer und eine Knopfgabel, etliche Hirschhornknöpfe, eine Schnupftabaksdose, zwei ledergebundene, abgegriffene Gebetbüchlein, eine goldene Sprungdeckeluhr; es gab aber auch Perlen von einer Halskette, sie lagen zusammen mit dem abgerissenen

Seidenfaden in einem winzigen Rosenholzkästchen – eine Schublade voller Andenken, in peinlicher Ordnung eingeräumte Erinnerungsstücke.

Hatte die Großmutter einmal die Hand erhoben, achtete ich nur noch mit schnellen Seitenblicken auf das Vielerlei in der Schublade; ich beobachtete wie gebannt die zitternden und leicht gekrümmten Finger: Was würden sie herausnehmen?

Den Druckknopfgeldbeutel aus Leinen mit der Eisenbahnfahrkarte!

„Weißt du, ich sollte schon bald aus der Schule entlassen werden, da hatten die fremdländischen Arbeiter ihre letzten Eisenbahnschienen auf die Schwellen genagelt. In dem neuen Bahnhofsgebäude roch es neuartig nach Bodenöl und Kohlenstaub. An einem meiner letzten Schultage durften wir Mädchen weiße Kleider anziehen und uns am Gleis aufstellen, um den ersten Zug zu empfangen, der auf unseren Marktflecken zudampfte. Jedes von uns hatte eine Freifahrkarte bekommen. Wir konnten vor Aufregung nicht mehr ruhig stehen; denn es hieß auf einmal, daß der Prinzregent selber käme..."

So hatte jeder Gegenstand in der Schublade seine Geschichte. Die von der Eisenbahnfahrkarte ging aus wie ein trauriges Märchen.

Es waren aber genug Dinge da, an denen lustige Geschichten hingen, wie etwa die Knopfgabel. Abenteuerlich hörte sich an, was die Großmutter von den Hirschhornknöpfen zu erzählen wußte. Den Kerzenschneuzer holte sie nur in der Dämmerung heraus; wahre Geistergeschichten rief dieses eiserne Gerät wach!

Die Großmutter war freigiebig mit ihren Geschichten. Nur von den Perlen und der zerrissenen Seidenschnur erzählte sie nie mehr als dies: „Dein Großvater hat sie mir geschenkt, als ich noch ein junges Mädchen war." Ein seliges Lächeln umspielte dabei ihr Gesicht. Ich hatte meinen Großvater nicht gekannt. Manchmal wagte ich die Frage, wovon die Seidenschnur zerrissen wäre und warum sie sie nicht wieder zusammenknüpfte. Da öffnete die Großmutter leicht den Mund, aber nur, um den Zeigefinger davorzuhalten, als Gebot des Schweigens. Wenn sie den Finger wieder von den Lippen nahm, zog sie die Augenbrauen hoch und sagte: „Hol dir eine Minzenkugel heraus."

Weil ich aber selbst dann noch enttäuscht dreinschaute, als mich die Pfefferminzschärfe schon in die Zungenspitze zwickte, setzte die

Großmutter tröstend hinzu: „Wenn du einmal groß bist und schon ver-
heiratet, dann erzähle ich dir – vielleicht – davon."

Vielleicht! Und wenn meine Großmutter bei diesem Vielleicht ihr liebes Faltengesicht zum Fenster wandte und mit einem langen Blick ins
Leere hineinsuchte, dann packte mich eine entsetzliche Traurigkeit,
und ich barg meinen Kopf in ihrem Schoß, weil ich fürchtete, den Tod
sehen zu müssen.

Die Geschichte von der seidenen Perlenschnur habe ich nie erfahren.
Wie ich eingangs sagte: Minzenkugeln waren für meine Großmutter
lebenswichtig. Und als es in der schlechten Zeit des großen Krieges
keine mehr gab, da stand der Tod wohl endgültig vor ihrem Fenster.

„Sie ist in ihrem Lehnstuhl eingeschlafen. Es war ein schöner Tod für
sie." So schrieb mir meine Tante auf einer Feldpostkarte. Und ich
stellte mir vor, wie die Schublade offenstand. Aber es gab keine Minzenkugeln mehr. Die Schale aus geschliffenem Glas war leer.

Beim Zahnarzt

Solange es einigermaßen auszuhalten war, habe ich verheimlicht, daß mir ein Stockzahn wehgetan hat. Mitten in der Nacht hat mich dann ein brennender Schmerz aus dem Schlaf gerissen. Das ganze Kiefer hat so getobt, daß ich nicht mehr sagen hätte können, welcher Zahn es war. Weil einmal eine Nachbarin erzählt hatte, bei Zahnschmerzen wäre nichts ärger als Bettfedern, weil sie ausstrahlen und den Schmerz viel schlimmer machen, darum habe ich mein Kopfkissen beiseite geschoben und den heißen Backen auf das Keilpolster gedrückt.
Es hat nichs geholfen. Ich hätte aufheulen wollen, aber davon wäre meine Mama aufgewacht; und sie hätte auf der Stelle gesagt: „Schleunigst zum Zahnarzt!"
Ich habe in die Bettdecke gebissen und den Backen ganz prall mit Luft aufgeblasen. Der Zahn hat weitergetobt. Also bin ich aufgestanden und in die Küche geschlichen. Ohne Licht habe ich nach dem Salz gesucht. Mit Salzwasser spülen, hat die Nachbarin gesagt, das wirkt manchmal Wunder.
So leise ich auch alles anstellen wollte, meine Mama ist trotzdem aufgewacht. Auf einmal flammte das Licht auf, und sie ist vor mir gestanden. Sie hat mich angeschaut und alles gewußt: „Hast Zahnweh!" Auf dem Gas hat sie Wasser warmgemacht und Salz darin aufgerührt. Ich habe im Märchenbuch lesen dürfen; gegen Morgen zu muß ich eingeschlafen sein.
In der Frühe habe ich ins Sonntagsanzügerl schlüpfen müssen, und meine Mama ist mit mir zum Zahnarzt gegangen.
Eigentlich war es kein richtiger Zahnarzt, sondern ein Dentist. „Approbierter Bader und Dentist" stand mit schwarzen Buchstaben auf dem weißen Emailschild neben der Eingangstüre. Hin und wieder haben sich Erwachsene darüber unterhalten, worin der Unterschied zwischen einem Zahnarzt und einem Dentisten besteht. Was ich herausgehört habe, das war in der Hauptsache, daß es ein Dentist halt doch billiger macht; weh tut es beim einen wie beim andern. Übrigens sagte man auch zum Dentisten „Herr Zahnarzt".
Drei Steinstufen führten zur Eingangstüre hinauf, neben der das

Schild mit den schwarzen Buchstaben war. Schon auf dem ganzen Weg hatte ich gespürt, wie es mit meinem Zahn ruhiger und ruhiger wurde, und vor den steinernen Stufen konnte ich meine Mama an der Hand zurückhalten und ganz ruhig sagen: „Mir tut fast überhaupt gar nichts mehr weh!" Sie glaubte mir das scheinbar ohne weiteres, kehrte freilich trotzdem nicht um, sondern meinte: „Das geht einem oft so, daß man vor lauter Angst nicht mehr spürt, wie es wehtut."

Sie drückte die messingne Türklinke nieder, und ich ließ mich pumpernden Herzens und mit wiedereinsetzendem Schmerz in den breiten Hausgang führen. Linker Hand war eine doppelflügelige Türe mit Milchglasscheiben. Dahinter war es.

Das große Zimmer war ungefähr in der Mitte durch eine Spanische Wand abgeteilt, die hatte einen geblümten Stoff. Damit wir Wartenden nicht zuschauen müssen, was die Patienten dahinter alles mitmachen, dachte ich. Das jedoch konnte ich mir trotzdem vorstellen, wie da jemand auf dem ledergepolsterten Stuhl saß, den der Herr Zahnarzt höher und tiefer schrauben konnte, grad so wie einen Klavierhokker. Ich wußte, wie er die Bohrmaschine antrieb, indem er mit einem Fuß immerzu ein Pedal trat, so ähnlich wie der Scherenschleifer, der manchmal ans Haus kam. Eine Lederschnur führte von dem Tretbrettchen nach oben, brachte ein Rädchen in Schwung, das dann irgendwie den Bohrer surren ließ. So genau konnte man das ja nie sehen, weil man immer die Augen voller Tränen hatte. Mit Schaudern dachte ich an das Glaskästchen mit den eisernen Zangen und Griffeln mit gebogenen Häkchen und all den anderen grausamen Sachen. Neben dem Stuhl stand der hohe schwarze Spucknapf, den ich von all den Dingen da drüben am liebsten hatte, weil man wenigstens ein paar Augenblicke lang seine Ruhe hatte, wenn man sich drüberbeugen und nach dem Spülen sein Gesicht sehen konnte, wie es sich in dem nassen Email spiegelte.

Als wir hineinkamen, hörte ich, wie gerade jemand spülen durfte, hinter der Spanischen Wand. Gleich darauf surrte der Bohrer herüber, ich hörte jemand mit verkrampften Kehllauten stöhnen, konnte mir das Gesicht des Zahnarztes vorstellen, mit dem großen Schnauzbart und dem randlosen Zwicker, hinter dem er das eine Auge zusammenkniff, wenn er angestrengt in den weitaufgerissenen Mund schaute, auf den Zahn, in dem er gerade herumbohrte. Einen gespenstisch sich bewegenden Schatten sah ich hinter dem geblümten Stoff.

„Magst dich nicht hinsetzen?" fragte meine Mama. Ich drückte mich ganz eng an ihre Seite und wollte wissen: „Meinst, daß er bei mir auch bohren muß?"

Meine Mama gab mir das Märchenbuch, das sie mitgenommen hatte. Ich schlug den König Drosselbart auf, weil's dort auch so grausam zuging. Ich las aber bloß die Buchstaben und die Wörter, und als ich umblättern wollte, da wußte ich nicht einmal mehr, ob sie jetzt der Pfarrer mit dem Bettelmann schon getraut hatte oder nicht. Meine Gedanken waren drüben bei dem Bohrer, dem zusammengekniffenen Gesicht und den fleischigen Zahnarztfingern, die einem hinter die Lippen langten. Dabei wünschte ich immerzu, daß er bei dem Patienten, den er gerade behandelte, recht lang brauchte, weil ich dann noch nicht so schnell drankäme.

Bei uns heraußen kreisten kleine Fliegen um den Lampenschirm an der Decke. Mit Reißnägeln war ein Schildchen an die Wand geheftet: „Nicht auf den Boden spucken!" Darunter stand ein Spucknapf.

Mir gegenüber saß eine Frau mit einer dunkelgrünen Weste; die hatte einen dick geschwollenen Backen eingebunden, auf dem Scheitel war das Tuch von einer großen Sicherheitsnadel zusammengehalten. Sie hatte die Hände im Schoß zusammengelegt und bewegte immerzu leicht die Lippen. Ich hätte meine Mama fragen wollen, ob sie vielleicht bete, der liebe Gott soll es nicht gar so schlimm werden lassen. Aber ich getraute mich nicht zu fragen, weil es die Frau gehört hätte. Also fing ich lieber selber an zu beten: „Lieber Gott, bitte, bitte mach, daß er bei mir kein Loch im Zahn findet!"

Ein alter Mann brachte mich draus; der stand alle Daumen lang auf, ging zum Fenster hinüber und schaute zur Kirchturmuhr hinauf, wie spät es schon ist. Vielleicht war er von auswärts und mußte auf den Zug. Ich hätte meiner Mama am liebsten gesagt, wir sollten ihn halt vorlassen, wenn es ihm so pressiert.

Einmal hörten wir den Zahnarzt schimpfen, weil jemand den Mund nicht richtig aufmachte. Ich schaute meine Mama an, aber die hatte ihr Strickzeug mitgenommen und mußte auf das Muster Obacht geben.

Immer, wenn ein Patient fertig war, kam der Herr Zahnarzt mit heraus, schaute mit abzählendem Blick herum, wieviele noch warteten, und ich hoffte jedesmal, er würde sagen: „Den Buben kann ich heute vormittag nicht mehr drannehmen!" Er fragte aber bloß, wer der nächste sei. Der stand dann mit einem Seufzer auf und ergab sich hinter der Spanischen Wand in sein Schicksal.

Die Frau mit dem eingebundenen geschwollenen Backen betete um so schneller, je näher sie dran war. Sie war dann kaum hinter dem geblümten Stoff verschwunden, da schrie sie schon auf, wie wenn sie am Spieß stecken tät. Der Herr Zahnarzt sagte dazu bloß: „Aha!" Ich hörte ihn mit seinem Hakengriffel herumstochern, sie brüllte noch lauter auf, und dann sprach er das Urteil: „Der Zahn muß raus!"

Der dicke Mann ging gleich ans Fenster, um wieder nach der Kirchturmuhr zu schauen, meine Mutter hörte zu stricken auf, ich fing wieder zu beten an: „Lieber Gott, laß es bei mir wenigstens nicht so schlimm sein, daß der Zahn raus muß!"

Die Frau beim Zahnarzt drinnen jammerte, aber das half ihr alles nichts. „Weit aufmachen!" dann knirschte es, rüttelte und knackte, die Frau brachte bloß noch krächzende Kehllaute heraus; endlich durfte sie spülen, und der Herr Zahnarzt sagte: „Locker ist er schon ein wenig!" – „Ahnerahnerahna!" jammerte die Frau, dann spürte ich bis zu mir heraus, wie sie den Mund wieder aufsperrte. Mir lief es ein ums andere Mal kalt über den Buckel hinunter, meine Popobacken zwickten sich zusammen, da schaute mich meine Mama an und fragte: „Mußt naus?" Ich nickte mit raschen, kurzen Kopfbewegungen.

Als wir wieder hereinkamen, empfing uns ein Schrei, der mir durch Mark und Bein ging, und darauf hörte ich die triumphierende Stimme des Zahnarztes: „Da schaun S her! Des is er! Der tuat Eahna nimmer weh, so lang S leben! Wolln S ihn mitnehmen, als Andenken?"

Wir atmeten alle erleichtert auf, und der dicke Mann sagte: „Ziagn tuat er guat! Des muaß ma eahm lassen!"

Als ich drankam, zwinkerte er mir aufmunternd zu. Er sagte nichts, und ich hörte trotzdem, was er dachte: Ziagn tuat er guat...

Wie es dann bei mir gewesen ist, das mag ich nicht erzählen. Meine Mama hat mit hinter die Spanische Wand gehen dürfen und mir den Kopf gehalten. Und sie hat mich gelobt, daß ich so tapfer bin.

Davon hat sie am Abend auch meinem Papa erzählt. Der hat zufrieden genickt und mir versprochen, daß ich dafür am Sonntag mit dem Dampfer fahren darf, auf dem Starnberger See. Und er war ganz feierlich dabei.

Schmunzeln hat er erst dann müssen, wie ich ernsthaft von mir gegeben habe: „Ziagn tuat er guat! Des muaß ma eahm lassen!"

Die Schildkröte

Der große Garten vom Doktor Kollmann war ein undurchdringliches Geheimnis. Es gab darin sogar eine Schildkröte. Im Sommer lief sie frei herum und schleppte ihren braun und gelb gemusterten Panzer an dem Betonsockel des schmiedeeisernen Zaunes entlang. Zwar war die Gartentüre so gebaut, daß sie auch dort nicht herauskonnte, trotzdem wurde immer wieder erzählt, wie sie einmal entkommen und von einem schweren Lastauto mit Vollgummireifen überfahren worden wäre; vielleicht sogar von einem Langholzfuhrwerk! Die Schildkröte unter ihrem Panzer wäre jedoch nicht tot gewesen; sie hätte ganz einfach kehrtgemacht und wäre wieder zurück in den Kollmanngarten gehaxelt.

Immer, wenn die Rede auf dieses Schildkrötenabenteuer kam, fingen wir lauthals darüber zu streiten an, ob das Lastauto beladen gewesen wäre oder nicht. Am lautesten konnte der Ossi schreien, und darum entschied er mit seiner Stimme, daß es ein vollbeladenes Kohlenauto vom Kimmele war, das vom Bahnhof herauffuhr. Außerdem, und dabei überschlug sich die Stimme des Ossi vor Leidenschaft, wäre es für eine Schildkröte vollkommen gleichgültig, ob ein Lastauto leer wäre oder voll, weil es ihr nicht einmal etwas ausmachen tät, wenn sie unter eine Dampfwalze käme! Am hartnäckigsten setzte uns Buben die Rosi zu, weil sie unbedingt wissen wollte, ob es einer Schildkröte wenigstens weh tut, wenn sie überfahren wird. Dabei konnte das doch niemand sagen, weil ja Schildkröten keine Stimme haben und darum nicht einmal „Au!" schreien können, wenn ihnen etwas weh tut.

Den Doktor Kollmann sah man ganz selten im Garten, und wenn, dann hatte er sein Lüstersakko an und eine Hornbrille auf. Es hieß, daß sich die Wilderer von ihm die Schrotkugeln herausoperieren ließen, wenn sie von einem Jäger erwischt worden waren. Schon darum hätte sich niemand getraut, den Doktor Kollmann danach zu fragen, was seine Schildkröte spürt, wenn sie überfahren wird. So mußte es auch ein unerforschliches Geheimnis bleiben, wie er zu seiner Schildkröte gekommen war. Der Ossi meinte, er wäre so reich, daß er einfach einmal nach Griechenland fahren und sich dort eine einfangen

konnte. Und wenn er einmal groß wäre, der Ossi, und Prokurist, dann
tät er so viel Geld verdienen, daß er sich das auch leisten könnte.
Der Rudi allerdings behauptete, der Doktor Kollmann habe die
Schildkröte von einem Wilderer geschenkt bekommen, dem er 14
Schrotkugeln aus dem Popo herausgeschnitten hätte. Und wenn das
aufkäme, würde der Doktor eingesperrt werden, weil es nämlich
streng verboten sei, einem Wilderer zu helfen; besonders dann, wenn
so einer dem Jäger davongelaufen wäre, mit einem Popo voller Kugeln. Wir versprachen dem Rudi, niemand etwas von der Wilderersa-
che zu erzählen; schon weil uns die Schildkröte leid getan hätte, wenn
sich der Kollmann nicht mehr um sie hätte kümmern können. Noch
dazu, wo er bloß durch die Zähne zu pfeifen brauchte, und sie kam
schon zu ihm gelaufen. Die Leni erzählte das, und sie mußte es wissen,
weil ihre Tante einmal beim Doktor Kollmann ausgeholfen hatte, als
seine Köchin im Krankenhaus war.
Auch wir probierten immer wieder, der Schildkröte durch die Zähne
zu pfeifen, und manchmal hatte sie daraufhin sogar den Kopf leicht
herübergedreht. Sie erkannte aber sofort, daß wir nicht ihr Doktor
waren, kniff ein Auge zu und schaute wieder weg. Und uns blieb nichts
anderes übrig, als darüber zu streiten, ob eine Schildkröte gescheiter
wäre als ein Hund.
Eines Tages hieß es, die Schildkröte sei nicht mehr da. Jemand habe
vielleicht die Gartentüre offenstehen lassen, und über den Panzer hinweg sei nicht bloß ein vollbeladenes Langholzauto gefahren, das Tier
mußte sich verlaufen haben! Wir konnten den Doktor Kollmann nicht
begreifen: Er hätte doch bloß überall herumlaufen und durch die
Zähne zu pfeifen brauchen! Freilich, wer einem Wilderer 14 Schrotkugeln aus dem Hintern herausoperiert und nicht aufkommen darf,
meinte der Ossi, der hat vielleicht andere Sorgen, als daß er andau-
ernd seiner Schildkröte nachpfeift!
Weil auch wir andere Sorgen hatten, wäre die Schildkröte beinahe in
Vergessenheit geraten. Ja, wir trösteten uns sogar damit, wenn je einmal wieder die Rede darauf kam, daß ihr die Freiheit zu gönnen wäre;
denn so groß der Kollmanngarten auch war, es gab halt doch den
schmiedeeisernen Zaun. Und warum wohl wird sie immer den Betonsockel entlanggekrochen sein? – Also!

Wir kamen sogar in Gewissensnöte, wenn wir überlegten, ob man dem Doktor Kollmann die Schildkröte zurückbringen sollte, wenn wir sie fänden.

Eines Tages aber kam die Leni ganz aufgeregt daher und berichtete, ihre Tante habe wieder beim Doktor Kollmann aushelfen müssen. „Und was meint ihr, was es zu essen gegeben hat? Eine Schildkrötensuppe!"

Wir waren starr vor Entsetzen. Der Ossi fand als erster die Sprache wieder: „Einer, der den Wilderern Schrotkugeln aus dem Popo herausoperiert, obwohl das verboten ist, dem kann man alles zutrauen!"

Der große Kollmanngarten barg fortan noch ein Geheimnis mehr. Und wir schlichen an dem schmiedeeisernen Gitter entlang und schauten zwischen den Sträuchern hindurch auf das Haus, wie auf die Höhle eines Mörders.

Der Zirkus

An einem sonnensatten Feriennachmittag kam der Rudi auf seinem Holländer in den Hof hereingefahren wie ein Verrückter und plärrte von weitem: „Im Wirtshausgarten vom Münchner Hof ist ein Zirkus! Einen Tanzbären haben sie dabei und einen Affen auch!" Wir ließen alles liegen und stehen und rannten zum Münchner Hof. Dort standen unter den Kastanienbäumen ein Krattlerwagen, daneben zwei ausgespannte Ponys; der Tanzbär lag an einem Baumstamm und blinzelte uns mit seinen kleinen Augen an. Oben, in einer Astgabel, hockte der Affe, lauste und kratzte sich und zog manchmal an der langen, dünnen Kette, an der er festgemacht war. Der Alois stellte sich vor uns alle hin und äffte das Tier nach, indem er sich mit unglaublich schnellen Bewegungen unter dem Arm kratzte. Das ärgerte den Affen, darum bleckte er seine Zähne gegen den Alois, was dieser wiederum nachmachte. Der Zirkusdirektor in weiten Pluderhosen und mit einer über und über tätowierten Brust rollte leere Bierfässer vom Wirtshaus in den Garten herbei. Darüber legte er dicke Bretter für die Sitzplätze.
„Drei Uhr große Galavorställung! Entree Kindär Zwanzgerl, Erwachsänä Fuchzgerl!" rief er mit einer harten Aussprache und in komischer Betonung, sooft er wieder ein Faß herbeigerollt hatte.
Ich ging heim, um zu fragen, ob ich zwanzig Pfennig aus meiner Sparbüchse nehmen dürfe für den Zirkus. Die Antwort hatte ich so ähnlich erwartet, wie sie kam: „Ja freilich! Für so einen Krampf zwanzig Pfennig ausgeben! Sonst nichts mehr! Da wartest jetzt noch ein paar Jahre, bis du größer bist, dann darfst einmal in den Zirkus Krone!"
Wie ich wieder auf dem Weg zum Münchner Hof war, um wenigstens vor der Aufführung noch einmal alles anzuschauen, traf ich den Hans mit einer großen Stranitzel voll altem Brot. „Dafür gibt er mir ein Freibillett!" Ich ging gleich mit zum Direktor und fragte, ob ich auch ein Freibillett kriegen tät, wenn ich altes Brot brächte. Und der Mann in den Pluderhosen nickte: „Aber gräßere Tüte voll!"
Also lief ich wieder heim, holte eine größere Tüte, bekam auch das alte Brot, das meine Mutter in einem Leinensäckchen sammelte, bis es

von Zeit zu Zeit ein Armenhäusler für seine Stallhasen abholte. Ich ging auch noch zur Nachbarin und bettelte dort die Tüte voll. Nun hatte ich gar keinen Zweifel mehr, daß mir der tätowierte Herr Zirkusdirektor eine Freikarte geben mußte.

Der Herr Direktor war jedoch nicht da. Auf den Affen und den Bären paßte jetzt ein zaundürres Mädel mit kohlschwarzen Haaren und goldenen Ohrringen auf. Es war höchstens zwei oder drei Jahre älter als ich und ließ sich von mir eine ganze Zeitlang angaffen, wobei es sich leicht in den Hüften wiegte. Mit einem Mal ging es wortlos auf mich zu, nahm mir die Brottüte ab und verschwand damit hinter dem Krattlerwagen. Als ich schon anfing, ganz aufgeregt zu überlegen, was ich nun tun soll, weil ich ja keine Freikarte bekommen hatte für mein Brot, kam endlich das Mädel zu meinem Glück wieder hervor und gab mir einen abgegriffenen, verschmutzten Zettel, darauf stand mit Gummistempel gedruckt: ENTREE GRATIS.

Jetzt konnte ich's kaum noch erwarten, bis es drei Uhr war.

Eine ziemlich dicke Frau in langen, roten Röcken spannte zusammen mit dem zaundürren Mädel eine Wäscheleine von einem Baum zum andern. Daran hängten sie alte Decken, die fast bis zum Boden reichten. Dahinter war die Garderobe.

Die Bierfässerbänke füllten sich allmählich mit Kindern, ich setzte mich nach einigem Überlegen auf die zweite, ungefähr in die Mitte.

Ein paar alte Spitaler kamen und die Hirschauerin, die immerzu mit dem Mund nackelte, wie ein Stallhase, wenn er Grashalme frißt. Sie stellte ihren Krückstock vor sich zwischen die Füße, legte die Unterarme drauf, hielt den Kopf schief und blickte scheinbar ins Leere. Der Herr Zirkusdirektor war plötzlich wieder da; er hatte ein Ringelleibchen über seine tätowierte Brust gezogen und kassierte. „Kindär Zwanzgerl, Erwachsänä Fuchzgerl!" Dem Hans und mir nahm er die schmierigen Freikarten ab.

Als er hinter den Garderobedecken verschwunden war, kam der Alois grinsend von der Hausecke hervor, hinter der er sich so lange versteckt hatte. Die Hirschauerin drohte ihm mit dem Krückstock, aber der Alois setzte sich in die erste Reihe, so, als wäre das die größte Selbstverständlichkeit der Welt. Er zog einen Apfel aus der Tasche und biß hinein, was den Affen in seiner Astgabel ganz rebellisch machte.

Ein richtiger Gongschlag ertönte, von unsichtbaren Händen wurden zwei Decken auseinandergetan, der Herr Direktor schritt hervor und alles klatschte. Er hatte nämlich statt des Hutes eine kleine Trommel auf dem Kopf, vor dem Bauch eine Gitarre, an die mit einem Drahtgestell eine Mundharmonika befestigt war; an dem einen Kniegelenk hatte er eine große Trommel mit einem Schlegel festgebunden, am andern war ein Glockenbaum befestigt. Mit Händen, Füßen, Mund und Bauch spielte der Herr Direktor alle Instrumente gleichzeitig, und wir brachten die Mäuler nicht mehr zu vor lauter Staunen.

Auf einmal aber erschreckte uns sein lauter Ruf: „Olé! Olé!" Da richtete sich der Tanzbär auf, rollte die Augen und stellte sich auf die Hinterfüße. Der Herr Direktor spielte eine wiegende Musik, und der Bär tanzte dazu. Zwei buntgekleidete Zirkuskinder, die ich vorher nicht gesehen hatte, kamen mit Purzelbäumen hinter den Decken hervor. Sie kletterten an dem Bären hinauf, der nahm sie auf seine Arme und reckte sich noch höher. Auf einmal kam auch noch das spindeldürre Mädel auf den Händen hereingegangen, war dann im Nu auf den Schultern des Bären, stellte sich dort mit ausgebreiteten Armen auf, und als wir schon meinten, gar nicht mehr lauter klatschen und schreien zu können, da machte es dort oben auch noch einen Kopfstand!

Als die ziemlich dicke Frau die Zirkuskinder heruntergenommen hatte, ließ sie Porzellanteller auf kleinen Zeigestäben tanzen, und als sie nicht mehr mochte, breiteten die zwei kleineren Kinder einen alten Teppich auf dem Boden aus, der Herr Direktor spielte einen Tusch und kündigte an: „Latarella, die Schlangenmensch!"

Wir reckten die Hälse, und ich freute mich, weil das zaundürre Mädel, das meine Brottüte angenommen hatte, wieder hereinkam. Es hatte jetzt ein Turntrikot an, nahm mit den Händen seine Füße und legte sie sich hinter den Nacken, stand dann auf einmal da wie ein Kugelzwerg und konnte lauter so Sachen machen, wie wenn alles aus Gummi wäre und man müßte sich gar nicht plagen dabei. Dann ritten die kleineren Zirkuskinder auf einem Pony herum, sprangen von dem trabenden Pferdchen herunter und wieder hinauf, und ich konnte mich nicht genug wundern, daß sie überhaupt keine Angst vor den Hufeisen hatten. Hernach nahm der Herr Zirkusdirektor die Trommel vom Kopf, ließ sich von seiner Frau einen alten Stuhl mit einem Bein auf die Stirn stellen, und den balancierte er, wobei er ein Instrument um das andere zu spielen anfing, und mir fiel ein: Wer weiß, ob sie das im Zirkus Krone können? Er aber gab dem Stuhl einen überraschenden Schubs, daß er in die Höhe flog, seine Frau kriegte die Lehne zu fassen und hob den Stuhl triumphierend hoch.

Jetzt nahm der Herr Direktor sogar noch eine Trompete, blies laute Signale und kündigte mit großartiger Stimme an: „Die Sänsation däs Tagäs! Großä Affännummär mit Drässurakt von Madam Carmara!" Er stieß noch einmal in die Trompete, daraufhin kam seine ziemlich dicke Frau heraus mit einem Turngerät, an dem alles mögliche dran war.

Der Herr Direktor spielte einen besonders gewaltigen Tusch; in demselben Augenblick drehte sich der Alois, der unmittelbar vor mir saß, kurz um und flüsterte hastig: „Jetzt paß auf! Ich weiß was!"

Während der Herr Direktor Musik machte und seine Frau an dem Turnapparat herumhantierte, bleckte der Alois die Zähne zu dem Affen hinauf, kratzte sich mit seinen blitzschnellen Bewegungen unterm Arm, und der Affe droben in seiner Astgabel wurde sichtlich nervös. Als der Herr Direktor zu einem großen Trommelwirbel ansetzte, zog der Alois eine Zwiebel aus der Hosentasche, und eh sich's jemand versah, hatte er sie dem Affen schon zugeschutzt. Der fing die Zwiebel mit einer hastigen Bewegung aus der Luft, roch daran und stürzte von seinem Baum herunter, direkt auf den Alois zu. Mit einer Hand klammerte sich das Tier im Hemdkragen des Alois fest, und mit der anderen hämmerte es die Zwiebel immerzu auf dessen Schädel. Während sich der Alois vor Schreck nicht mehr rühren konnte, verhaspelte sich der Herr Zirkusdirektor in den Schnüren seiner Instrumente, als er herbeieilen wollte. Die Frau Direktor konnte den Alois befreien. Der Affe schmiegte sich in ihre Arme, zitterte, und nach einer Weile streichelte er die Frau. Als sich der Direktor endlich aus seinen Schnüren herausgearbeitet hatte, war der Alois schon verduftet.

Mit dem Zirkusnachmittag ist es nicht mehr weitergegangen. Manche Kinder hatten Angst gekriegt und waren davongelaufen. Die Hirschauerin schüttelte unentwegt ihren Hacklstecken drohend in die Luft und schimpfte auf den Alois ein, obwohl der längst nicht mehr da war. Die alten Spitaler aber kamen in Streit, die einen meinten, es wäre keine Art und Weise, einen Affen an einer so langen Kette zu halten, und sie hätten sich gleich gedacht, daß da was passieren könne. Die andern meinten, so einen Rotzbuben wie den Alois, das hätte es früher nicht gegeben; und sie täten schon wissen, wie sie ihm die Marotten austreiben müßten, wenn er ihnen gehörte.

Der Affe war nicht um alles in der Welt zu bewegen, seine Vorstellung an dem Turnapparat zu geben; er klammerte sich nur immerzu liebkosend an die Frau. Das spindeldürre Gummimädel schlug noch ein paar Räder, aber dann gab ihm der Herr Zirkusdirektor ein Zeichen, und es trat zu den Garderobedecken. Er selber stellte sich in großartiger Pose vor die Spitaler und sprach: „Vorställung ist beändet, weil Aff nicht mähr disponiert!"

Die Ponys haben mein altes Brot zu fressen gekriegt, dann sind sie eingespannt worden. Die Zirkusleute packten alles auf den Krattlerwagen, sogar die beiden kleinen Kinder.

Grad, wie sie losfahren wollten, kam noch der Wirt vom Münchner Hof angeschnauft, deutete mit dem Daumen auf die Bierfässer und fragte ziemlich aufgebracht, ob er vielleicht seine Fässer selber aufräumen solle. Da bin ich mit dem Hans und noch ein paar anderen gegangen.

Wir haben im Hof gleich damit angefangen, ein Wäscheseil zu spannen, der Hans hat aus der Wohnung eine Bügeldecke geholt, dahinter war die Garderobe. Wir haben Zirkus gespielt, tagelang, fast die ganzen Ferien hindurch.

Den Alois wollten wir zuerst nicht mitspielen lassen. Zur Aufführung freilich, bei der wir Eintritt verlangen wollten – „Kindär fünf Pfännig, Erwachsänä Zähnerl!" –, wer hätte da den Affen machen sollen? Also waren wir dem Alois wieder gut.

Obwohl, so richtig hat mir unsere Aufführung trotzdem nicht gefallen; wir hatten nämlich kein zaundürres Gummimädel. Und gerade das ist mir seinerzeit lange im Kopf umgegangen.

Faschingsabenteuer eines Kaminkehrers

Als beim nachmittäglichen Familienkaffeeklatsch die Rede auf mich kam, äußerte die Tante Anni den an sich nicht schlechten Gedanken, sie wolle mit mir auf den Kinderball gehen; und sie fände es lustig, wenn ich als kohlrabenschwarzer Kaminkehrer daherkäme, mit einer richtigen Leiter auf der Achsel und einem Zylinder auf dem Kopf.

Ich hätte lieber einen Indianer gemacht oder wenigstens einen Bäckerlehrling. Aber schon am nächsten Tag brachte die Tante Anni einen schwarz eingefärbten Stoff mit. Nachdem sie umständlich an mir Maß genommen hatte, fing sie gleich an, mein Kaminkehrergewand zu nähen. Da blieb meiner Mama nichts anderes übrig, als den Pappendekkelzylinder auszuschneiden und zu leimen. Mein Papa mußte Latten für eine Leiter hobeln, und nachdem auch noch eigens schwarze Fingerhandschuhe für mich gekauft waren, ergab ich mich ohne weiteren Widerstand in mein Faschingsschicksal.

Wenn es auch Geheimnis bleiben sollte, in welchen Masken die Nachbarskinder auf den Ball kommen würden, vertraute mir die Anneliese doch an, sie ginge als Rotkäppchen, und regte an, ob ich nicht vielleicht als Jäger kommen könnte. Die Leni durfte als Marienkäfer gehen, mit richtigen Fühlern auf dem Kopf, der Rudi als Trapper und der Peppi als Seemann. Nur ich verriet meinen Kaminkehrer nicht. Die Tante Anni hatte mir das Versprechen abgenommen, ich sollte es unbedingt eine Überraschung werden lassen. Sie hatte mir für meine Verschwiegenheit ein Chabeso versprochen. Chabeso war zu meiner Zeit das Traumgetränk eines jeden Kindes.

Als mich die Tante Anni zum Kinderball abholte, brachte sie eine richtige Schminke mit, mit der rieb sie liebevoll mein Gesicht ein. Als sie damit fertig war und ich in den Spiegel schauen durfte, mußten alle lachen – bloß ich nicht!

Der Kinderball war in einem Kaffeehaus am Hauptplatz. Wir saßen an kleinen Tischen, auf der Marmorplatte vor mir stand das Chabeso. Ich durfte sogar selber aus der grünen Flasche in das Trinkglas einschenken. Obwohl die Anneliese einen ekelhaften Kakao bekommen hatte, wollte sie nichts aus meinem Chabesoglas haben, weil ich mit meinem

Kaminkehrermund schon daraus getrunken hatte. Die Leni warnte mich ganz schnippisch, daß sie mit mir nicht tanzen wolle, weil ihr Marienkäfergewand so empfindlich sei. Ich musterte immerzu den Rudi und den Peppi. An denen war nichts, aber auch gar nichts, von dem zu fürchten gewesen wäre, daß es abfärben hätte können.

Ich war froh, als endlich jemand das Gramola aufzog. Aus dem Schalltrichter erklang ziemlich krächzend die „Vogelhochzeit". Der pensionierte Herr Hauptlehrer patschte in die Hände, machte ein lustiges Gesicht und rief, alle Kinder sollten sich jetzt im Kreis aufstellen, immer abwechselnd ein Knabe und ein Mädchen, und sich an den Händen fassen. Die Leni und die Anneliese liefen mit dem Rudi und dem Peppi gleich weg, auf die andere Seite. Ich bin ihnen nicht nach, weil ich dachte: Wenn sie so dumme Gänse sind, daß sie mich als Kaminkehrer nicht mehr mögen, dann sollen sie's bleibenlassen! Ich habe mich an die Rosi herangemacht, aber die wollte von einem Kaminkehrer auch nichts wissen, obwohl sie als Wäscherin gegangen ist! Die „Vogelhochzeit" ging zu Ende, der pensionierte Herr Hauptlehrer patschte wieder in die Hände und sprach mit wichtiger Stimme: „Paßt gut auf, ihr schönen Maschkarakinder, jetzt erkläre ich euch unseren ersten Tanz!"

Wie er fertig war, bin ich immer noch mutterseelenallein herumgestanden, und es hätte nicht viel gefehlt, daß mir die Wasserburger gekommen wären. Aber im letzten Augenblick nahm mich der pensionierte Herr Hauptlehrer bei der Hand und führte mich – zu einer Negerin! Die war fast ebenso schwarz wie ich und hatte darum auch niemand zum Tanzen gefunden.

Es ist ein wunderschöner Kinderball geworden! Die Negerin hat ohne weiteres von meinem Chabeso trinken wollen und mit mir ihren Negerkuß geteilt, immer abwechselnd einmal sie und einmal ich. Da hat es der Rosi einen Riß gegeben, und die Anneliese hat gefragt, ob ich etwas von ihrem Kakao probieren möchte. Ich habe ihr aber hingerieben, daß ich mir den guten Negerkußgeschmack nicht verderben will.

Wie wir Blinde Kuh spielen mußten, hat sich die Leni von mir so schnell fangen lassen, daß der pensionierte Herr Hauptlehrer gesagt hat: „Das gilt nicht, du bist ja gar nicht davongelaufen!" Am schönsten war es, wie wir „Ist die Schwarze Köchin da?" spielten. Meine Negerin richtete es immer so ein, daß ich mitkommen mußte, und ich revanchierte mich entsprechend. Bei der „Reise nach Jerusalem" wäre dann auf einmal die Anneliese dahergekommen und hätte sich aufregen wollen, weil ich alles bloß mit der Negerin mache. Ich sagte ihr, daß ich Rotkäppchen langweilig fände, worauf sie ganz bissig fragte, ob ich die Negerin einmal heiraten möchte.

Da bin ich gleich hin zu der Negerin und habe sie gefragt, ob sie will. Sie hat gemeint, daß es ihr schon recht wäre, bloß tät es wahrscheinlich nicht gehen, weil sie bloß bei ihrer Tante zu Besuch da ist, und morgen holt sie ihr Papa schon wieder ab, nach Plattling.

Wie ich das auf dem Heimweg der Tante Anni erzählte, meinte sie ziemlich herzlos: „Da kann man halt nichts machen! Faschingsbekanntschaften halten meistens nicht lang!" Und nach einer Pause setzte sie dazu: „Ich bin auch ledig geblieben."

Ich dachte mir: So ein Schmarrn! Sagte es aber selbstverständlich nicht, sondern fragte lieber, wie weit es nach Plattling ist.

Die ersten Tatzen

Wir waren 72 Knaben in der ersten Klasse. Während der Sommermonate liefen wir barfuß und hatten kurze Hosen an. Der Herr Lehrer jedoch trug auch bei der größten Hitze noch seinen dunkelblauen Lüsteranzug. Er hatte ein strenges Gesicht, und ich kann mich nicht daran erinnern, wie er ausgesehen haben mag, wenn er einmal lustig gewesen wäre. Als ich dies daheim erzählte, meinte die Tante Anni: „Kein Wunder! Bei so vielen Kindern hat der nichts zu lachen!"

Wenn wir morgens ankamen, mußten wir uns zuerst auf den breiten Kieswegen vor dem Schulhaus aufstellen. Jede Klasse hatte ihren zugewiesenen Platz. Oben, auf der steinernen Eingangstreppe, stand der Herr Hausmeister mit einem runden Käppi auf dem Kopf. Er war hemdsärmlig, hatte eine Hand auf das schmiedeeiserne Geländer gestützt und die andere mit dem Daumen in die Westentasche eingehakt. Sein Hindenburgschnurrbart brachte auf die geringste Mundbewegung hin zum Ausdruck, daß er keine Unbotmäßigkeit duldete. So wachte er von seiner hohen Warte herunter über uns, daß keiner aus der Reihe drängte oder gar mit einem Fuß in den grünen Rasen tappte. Ab und zu angelte er mit einer Daumenbewegung die schwere Uhrkette aus der Westentasche, ließ den Sprungdeckel aufklappen und stellte mit einem kurzen Blick fest, wie lange wir noch zu warten hatten, bis er uns einlassen konnte. Wenn es soweit war, öffnete er einen der beiden Türflügel, arretierte ihn und postierte sich neben die Kokosmatte. Dort wechselte er schnelle Blicke von den Füßen in die Gesichter und sorgte so dafür, daß ich mir mit eifrigen Bewegungen die Fußsohlen abstreifte.

Immer zwei und zwei, passierten wir brav an ihm vorbei, schlurften schweigend auf dem Steinfußboden den Flur entlang, stapften kaum hörbar die ausgetretene und geölte Holztreppe hinauf in den ersten Stock. Auf dem ganzen Weg durften wir auf keinen Fall schwätzen. Kam uns ein Herr Lehrer entgegen, so war er zu grüßen, indem wir stumm mit dem Kopf nickten, so tief, bis das Kinn die Brust berührte; ganz bedächtig mußten wir die Köpfe senken, so langsam, wie wir's eingeübt hatten.

Am oberen Treppenabsatz wartete der Herr Lehrer auf uns. Er sonderte mit einer Armbewegung die ersten zwölf ab, die durften auf den Stehabort. Die andern mußten warten, bis der letzte davon wieder heraußen war.

Das mit dem Stehabort war unvorstellbar wichtig. Hatte nämlich der Unterricht einmal angefangen, fuhr es einem wie ein Blitzschlag ins Gewissen, sobald sich der erste leise Drang anmeldete. Der Herr Lehrer konnte es um alles in der Welt nicht leiden, wenn einer hinausmußte.

Ich schickte jedesmal ein inbrünstiges Stoßgebet zum lieben Gott, er möge mir helfen, daß ich's bis zur Pause aushalten kann. Wenn sich jedoch als hoffnungslos herausgestellt hatte, mit immer stärker bebenden Beinen dem langsam schmerzhaft werdenden Drang Einhalt zu gebieten, durfte man zwei Finger heben, den Zeige- und den Mittelfinger. Der Herr Lehrer reagierte auf dieses Notzeichen zunächst damit, daß er mit abweisender Miene daran vorbeischaute. So fing der Bedrängte nach angemessener Zeit an, die fingerstreckende Hand heftig zittern zu lassen. Weil dies immer noch nichts half, wurde mit verzweifelten Augenverdrehungen versucht, den Herrn Lehrer zu fixieren. Das Zittern der erhobenen Hand steigerte sich zu krampfhaftem Beben, während die andere zwischen den Schenkeln an Ort und Stelle zurückdämmende Hilfsdienste leisten mußte. Der ganze Körper krampfte sich immer verzweifelter zusammen, endlich krümmte sich sogar der Oberkörper herunter, die Knie wurden nach oben gezogen, und schließlich kam der gefürchtete Augenblick, daß die erhobene, verzweifelt bebende Hand mit einem Ruck hinabfahren mußte, um der anderen beizustehen. Diesen Zustand beendete der Herr Lehrer damit, daß er böse und beleidigt das erlösende „Geh zu!" zischte.

Es war nicht ganz leicht für den Herrn Lehrer, den zwingend notwendigen Augenblick zu erfassen. Manche konnten nämlich den ganzen Vorgang so gut in Szene setzen, daß nicht einmal der Banknachbar merkte: Der hätte gar nicht gemußt! – Andere wiederum verstanden es so schlecht, ihre Not zum Ausdruck zu bringen, daß der Banknachbar einem Bächlein entfliehen mußte, wenn er nicht selber mit nasser Hose dasitzen wollte.

Meine Mama beugte den Gefahren vor, indem sie mir zum Frühstück immer nur eine halbe Tasse Kakao gab. So ging ich, weil ja auch noch vielerlei andere neue Eindrücke auf mich zukamen, gerne in die Schule.

Jeder Unterrichtstag begann mit der Rechenstunde. Nachdem wir gebetet hatten, brachte uns der Herr Lehrer mit einem stummen Blick, zusammengekniffenem Mund und halberhobener Hand dazu, daß wir in kerzengerader Haltung, mit verschränkten Armen und aneinandergestellten Füßen in unseren Bänken saßen und mucksmäuschenstill nichts anderes taten, als auf seine Lippen zu starren. Beinahe flüsternd konnte er uns 72 Knaben kommandieren; ich getraute mich fast nicht zu atmen und hörte die Telleruhr ticken, die an der rückwärtigen Wand hing. Dann öffnete der Herr Lehrer seinen Mund zu einem schmalen Spalt und sagte kaum hörbar: „Tafel herauf!"

Laut und im Chor riefen wir „Eins"!, fuhren mit beiden Händen in das Ablagefach unter der Schreibfläche und faßten die Tafel an ihrem Rahmen. Auf „Zwei!" stießen wir sie hoch in die Luft über unsere Köpfe, auf „Drei" wurde die Tafel auf die Tischplatte gelegt, mit der Hausaufgabe nach oben. Der Tafellappen war daneben auszubreiten, den Schwamm mußten wir leicht andrücken, daß er ein paar winzige Wassertropfen zeigte, die Griffel hatten in der Rille zu liegen mit den scharfen Spitzen nach links, die Hände kamen auf die Bank.

Wenn jetzt der Herr Lehrer langsam durch die Reihen schritt, konnte er mit seinen halb zugezwickten Augen untrüglich feststellen, ob die Hausaufgaben gemacht, der Tafellappen sauber, der Schwamm angefeuchtet, die Griffel gespitzt, die Hände gewaschen und die Fingernägel gereinigt waren. Befand er etwas nicht in Ordnung, zischte er: „Raus!" Und da standen dann drei, vier, sechs, je nachdem, standen in unruhiger Erwartung und harrten ihrer Tatzen, bis der Herr Lehrer durch alle Reihen gegangen war. Die einen heulten schon vor den Schlägen, andere schrien auf wie die Jochgeier, sobald das Spanische Röhrl die Handfläche traf. Ganz Verzweifelte versuchten manchmal, ihre Hände zwischen den Knien in Sicherheit zu bringen. Mit solchen machte der Herr Lehrer jedoch kurzen Prozeß, zog sie über die nächste Bank und gab ihnen „Übergelegte" auf den Hintern.

Es war aber gegen die Bubenehre und galt als feige, sich so anzustellen. Auch der Herr Lehrer hatte es am liebsten, wenn einer tapfer die

Hand vorstreckte, seine Strafe entgegennahm und mit wäßrigen Augen bei verhaltenem Schluchzen an seinen Platz zurückging. Ich bewunderte die wenigen, die es fertigbrachten, ihre Hände hinzustrecken und die Tatzen entgegenzunehmen, als wäre das gar nichts. Weil aber meine Mama jeden Morgen den Schwamm anfeuchtete, mir einen frischen Lappen an die Tafel band, weil sie darauf achtete, daß ich die Hände mit einem Bürstchen schrubbte, weil sie meine Fingernägel ansah, während ich die halbe Tasse Kakao trank, weil mein Papa schon am Abend vorher die Hausaufgabe kontrolliert und meine Griffel gespitzt hatte, darum schritt mit dem Herrn Lehrer das Unglück stumm an mir vorüber. Freilich, war mein Gewissen auch noch so rein, das Herz pumperte mir doch jedesmal bis zum Hals hinauf, und ich atmete erleichtert auf, wenn sich die Gefahr verzogen hatte.

Nachdem alle Bösewichte ihre Strafe eingesteckt hatten, begann das Kopfrechnen. Bei so vielen Kindern war es dem Herrn Lehrer unmöglich, auch nur annähernd jeden dranzunehmen. Darum hatte er sich einen Trick ausgedacht, hinter den ich ihm jedoch bald kam. Es war die Sache mit den zehn Aufgaben.

Bevor die erste Rechnung gestellt wurde, mußten wir mit ausgestrecktem Arm den Griffel über den Kopf halten. Unsere 72 Augenpaare starrten auf die Lehrerlippen, denn er flüsterte kaum hörbar: „sieben und fünf." Danach wartete er eine ganze Weile, in der wir nichts anderes denken durften als nur die Ergebniszahl. Wenn endlich sein „Schreibt!" auf uns niederzischte, fuhren die Arme augenblicklich herunter; mit den Griffeln malten wir säuberlich die Lösungszahl auf die Tafel. Wer fertig war, mußte das Geschriebene abdecken und durfte den Arm wieder hochheben. Weil es bei manchen recht lange dauerte, gab es für mich Zeit genug, den kratzenden Griffeln der anderen zuzuhören und über allerlei nachzudenken.

So war ich nach einiger Zeit auch hinter das Geheimnis der zehn Aufgaben gekommen: In einem bestimmten Ablauf gab es immer die gleichen Ergebniskolonnen! Der Herr Lehrer wechselte mit drei Zehnerreihen ab. Es dauerte nicht lange, und ich wußte sie auswendig. Jetzt machte ich mir einen Spaß daraus, Ergebnisse hinzuschreiben, zu denen die Aufgaben noch gar nicht gestellt waren. Ich bildete mir allerhand darauf ein, fast so gescheit zu sein wie der Herr Lehrer!

Einmal muß ihm nach der ersten Aufgabe etwas dazwischengekommen sein. Mir blieb Zeit genug, um alle zehn Ergebnisse untereinander hinzuschreiben, bevor das Kommando kam: „Griffel hoch!" Voller Stolz auf meine besondere Leistung hörte ich mit erhabenem Gefühl die nächste Aufgabe an, senkte meinen Blick kurz zur Tafel und stellte mit Genugtuung fest: Stimmt! Und als der Herr Lehrer zischte: „Schreibt!" – da ließ ich in allzufrüher Gewißheit des Triumphes meine Hand mit dem Griffel oben.

Mich traf ein rügend strenger Blick aus den zusammengekniffenen Augen; ich fing ihn mit herausforderndem Stolz auf. Auch der drohende Ton, in dem der Lehrermund meinen Namen rief – nicht zischte, sondern rief! – erweckte in mir nur den Gedanken: Gelt, da schaust! Und als endlich die geradezu sehnlich erwartete Frage kam: „Warum schreibst du nicht?" da brüstete ich mich: „Ich hab schon alles, Herr Lehrer!"

Daraufhin war es in der Klasse so still, daß ich nur noch die Wanduhr ticken hörte.

Der Herr Lehrer zog zwischen den zusammengezwickten Augen eine solche Stirnfalte, daß ich meinen Arm mit dem Griffel sinken ließ. Ich neigte den Kopf, sah durch meine blinzelnden Wimpern zwei dunkelblaue Hosenbeine auf mich zukommen, eine behaarte Hand griff nach meiner Tafel, hob sie hoch, ich hörte immerzu die Wanduhr ticken, und als ich endlich aufzuschauen wagte, von den blauen Hosenbeinen über die Reihe der Westenknöpfe und den Krawattenknopf zu dem glattrasierten Kinn, da öffnete sich der zusammengekniffene Lehrermund und zischte: „Raus!"

Ich ging zum Pult und nahm mir vor, tapfer zu sein und keine Miene zu verziehen. Noch bevor der Herr Lehrer das Spanische Rohr ergriffen hatte, streckte ich schon eine Hand vor. Ich schloß die Augen, um nicht zusehen zu müssen, wie mir der brennende Schmerz in die Finger schlug. Die eine Hand riß ich herunter und streckte die andere vor. Ich mußte rasend schnell blinzeln, um der Tränen Herr zu werden. So ist das also, dachte es in meinem Gehirn. So ist das! Und ich biß die Zähne zusammen, um ja keinen Schmerzenslaut herauszulassen.

„Setz dich!" zischte mich eine enttäuschte Stimme an. Während ich gedemütigt an meinen Platz ging, umnebelten mich dunkle Kreise.

Meine einzige Sorge auf dem Heimweg war: Hoffentlich merkt die Mama nichts! Und ich dachte mir aus, wie ich beim Mittagessen die Schwellungen an den Fingern verbergen wollte.

Meine Mutter öffnete die Haustüre, sah mich an – und wußte augenblicklich, daß mit mir etwas geschehen war. Da schossen meine Tränen hervor, die ich in der Schule so tapfer zurückgehalten hatte.

Am anderen Morgen, als wir uns vor dem Schulhaus aufstellten, redeten die anderen von meinen Tatzen, wie ich sie eingesteckt hatte, ohne einen Mucks von mir gegeben zu haben. Da stiegen Heldengefühle in mir auf. Und als ich mir die Fußsohlen auf der Kokosmatte abstreifte, kam es mir so vor, als ließe der Herr Hausmeister in Anerkennung meiner Tapferkeit den Hindenburgschnurrbart beinahe feierlich erzittern. So getraute ich mich auf dem Stehabort sogar zu schwätzen.

Meine Mutter aber, als sie nach meinen zweiten Tatzen die Haustüre öffnete, merkte mir gar nichts mehr an. Man hat doch allerhand gelernt, damals, in der Schule!

Der Hallerhallerdummerdepp

Meine Mama hat immer gesagt: Er ist ein armer Mensch und kann nichts dafür, daß er nicht normal ist. Drum soll man ihn in Ruhe lassen und ihm keine Namen nachschreien. Er ist auch so schon geschlagen genug.

Andere Buben haben aber scheinbar keine solche Mama gehabt und drum, wenn sie gesehen haben, wie er irgendwo um eine Ecke gekommen ist, sind sie hinter ihm drein und haben aus vollem Hals geschrien: Hallerhallerdummerdepp!

Er hat ein altes Gewand aus dickem Stoff angehabt, viel zu groß für seine kleine Gestalt; wahrscheinlich hat er's geschenkt gekriegt. Die Hosenröhren sind mit Ziehharmonikafalten auf die geflickten und genagelten Stiefel gefallen. Aus den Joppenärmeln haben kaum die roten Hände herausgeschaut, und das war sogar ganz gut so, weil man nicht gleich gesehen hat, wie die Hände verkrüppelt waren. Sein kragenloses Hemd war offen, das Gesicht unrasiert, und auf dem Kopf hat er einen uralten Hut gehabt, einen richtigen Speckdeckel.

So ist er dahergekommen, hat langsam gehen müssen, weil seine Füße nach innen gestellt waren, so daß er immer wieder einmal mit den Fußspitzen übereinandergekommen ist. Vielleicht waren seine Füße ähnlich verkrüppelt wie die Hände.

Er kann nichts dafür, daß er so ist, hat meine Mama gesagt, und drum sollen wir ihn in Ruhe lassen. Der Mann tut uns ja auch nichts.

Er hat so einen Buben, wie's ich damals war, nur mißtrauisch aus den Augenwinkeln angeschaut, wenn ich ihm begegnet bin. Aus seinem halboffenen Mund ist ein wenig Speichel geronnen, den hat er ab und zu mit dem Handrücken weggewischt. Nur kurze Blicke hat er einem zublitzen können, sonst hat er auf den Weg schauen müssen, daß er nicht stolpert mit seinen krummen Haxen. Er war immer auf dem Weg zur nächsten Wirtschaft.

Hallerhallerdummerdepp!

Das muß für ihn gekommen sein wie ein Donnerschlag aus heiterem Himmel, wenn hinter ihm einer schrie, was die Stimme hergab: Hallerhallerdummerdepp!

Mit einem Ruck hat er den Kopf eingezogen und probiert, ob er ein wenig schneller gehen kann.

Hallerhallerdummerdepp!

Wenn's nicht mehr weit zur Wirtschaft war, zum Frühlingsgarten oder zum Hipperkeller oder in den Münchner Hof, dann hat er nicht umgeschaut und so getan, wie wenn er nicht hören tät.

Hallerhallerdummerdepp!

Er hat kein Geld gehabt, und drum hat er in den Wirtschaften geschaut, ob da ein Gast etwas übriggelassen hat, ein Neigerl Bier oder einen nicht ganz abgefieselten Knochen oder ein Stück Semmel; vor allem aber ein Neigerl Bier! Das von einer Wirtschaft zur andern, von der Stadt heraus bis zum Bahnhof. Da und dort haben sie ihm auch das Tropfbier gegeben. Er hat da schon was zusammengebracht.

Man hat vor der Wirtschaft auf ihn warten können, hinter den Biertragerln versteckt oder den leeren Fasseln. Wenn er herausgekommen ist, hat er eine Hand vor die Augen gehalten, weil ihn die Sonne geblendet hat, mit der andern hat er das Geländer umklammert. So ist er unsicher die Stapfeln hinunter, hat dabei immer mit dem einen Fuß nach der tieferen Stufe getappt und den anderen auf die gleiche nachgezogen; grad so, wie's die ganz kleinen Kinder machen. Hallerhallerdummerdepp!

Das Geschrei hat ihn beim Treppenuntersteigen manchmal so drausgebracht, daß er sich nicht mehr weitertraute. Er hat sich ans Geländer gedrückt, ehe er's mit den krummen Fingern losgelassen hat und den Kopf in die Richtung der Schreier gehoben. Und dann kam das, worauf alle gewartet haben: Seine Hände hat er geballt und – an den Handgelenken gekreuzt, daß es ausgesehen hat, wie wenn sie gefesselt wären – hat sie mit drohenden Grimassen vor den Hals gehalten und zu dem Rufer hingeschüttelt.

Hallerhallerdummerdepp!

„Des soll bedeuten, daß ma verhaft ghört und gfesselt und eigsperrt, wenn ma eahm allerweil sein Nama nachplärrt", hat der Wigg erklärt.

Hallerhallerdummerdepp!

Etliche Male am Tag sind vom Bahnhof die Züge beinahe gleichzeitig in alle Richtungen abgefahren. Die vielen Männer und Frauen von auswärts, die wieder heimfahren wollten, kehrten gern noch auf eine

Halbe in der Bahnhofsrestauration ein. Wenn dann auf einmal mit donnerndem Krach als erster der Münchner Zug eingefahren ist, sind sie alle aufgerumpelt, haben die Rucksäcke, Netze und Einkaufstaschen gepackt, daß sie ihren Zug erwischen. Dies war für den Hallerhallerdummerdepp das Paradies! Dutzende von Bierneigerln sind auf den braunen Tischplatten herumgestanden, Wurstzipfel und Ripperlknochen lagen auf den Tellern, Semmelbrocken hat er sich in die Taschen gestopft. Seine verkrüppelten Hände haben einen Maßkrughenkel um den andern umklammert, auf seinen nach innen gewachsenen Füßen rannte er im Wettlauf mit den Kellnerinnen, die abräumen mußten und mit ihren Hadern die Tischplatten abwischten. Ein paar Minuten bloß war die Bahnhofsrestauration für den Haller ein Paradies; da mußte er schauen, daß er zu seinem Sach kam.

An der Bahnhofsrestauration gab es keine Stapfeln. Wenn er herauskam, stand kein Gassenbub zu seinem Empfang versteckt mit dem Ruf: Hallerhallerdummerdepp! Das hätte sich nicht rentiert. Er hatte sich da drin so vollaufen lassen, daß er mit glasigen Augen herausgekommen ist und auf nichts reagiert hat. Er hat zufrieden mit sich selber geredet, das hat aber niemand verstanden. Seine Zunge war dick und hat sich wie ein Fleichklumpen zwischen den Lippen bewegt.

„Der kann überhaupts net reden", hat der Wigg erzählt.

Ich habe ihm nachgeschaut, dem Hallerhallerdummerdepp, wie er stadteinwärts gegangen ist, und habe versucht, mir vorzustellen, wie das jetzt dann wohl sein wird, wenn er heimkommt.

Er ist ein armer Mensch und kann nichts dafür, hat meine Mama gesagt, und wir sollen ihn in Ruh lassen; er ist auch so geschlagen genug. Andere haben scheinbar keine solche Mama gehabt; denn kaum war er so weit gekommen, daß ich ihn nicht mehr gesehen habe, da war es doch schon wieder zu hören:

Hallerhallerdummerdepp!

Aber das machte ihm jetzt nichts mehr aus. Er brabbelte vor sich hin, brauchte die halbe Straßenbreite zum Gehen, und weil die Welt für ihn scheinbar nicht mehr existierte, war er damit zufrieden. Und nachdem er sich nichts mehr darum scherte, hörten die Buben alsbald auf, ihm nachzuschreien. Mir aber klingen die Rufe heute noch im Ohr:

Hallerdummerdepp!

Dahoam

1. Dahoam, da schaug i weit ins Land in d' Berg und ü-bern See.
Mir is nix schöners net bekannt, als mei Hoa - mat auf der Höh.

2.
Ganz in der Nah a Kircherl steht,
a mordstrum Baam dabei –
und wenn a Jahr um Jahr vergeht,
de stengan allerwei.

3.
Dahoam, da bin i lusti gwen
als Büawerl kloa und gring.
Hab Viecha, Baam und Bloama gseng,
war mehra drauß wia drin.

4.
In d'Schui, da samma barfuaß grennt
bis in Oktober nei,
mia ham koa lange Hosn kennt –
und unsre Füaß! O mei!

40

5.
Dahoam, im Bauerndorf so stad
hat meistns d'Sonna glacht.
Doch wenns im Winter gschniebn und gwaht,
des hat uns a nix gmacht.

6.
Doch nacha is da Vatta gstorbn –
da war i no a Bua.
Da is so kalt und schattig worn,
des war halt einfach z'fruah.

7.
Dahoam hab i auf oamal gspannt,
daß d'Madln liab und schö,
da treibts mi sauba umanand
und abi von der Höh!

8.
D'Muatta hat vui Sorg und Plag
mit so an losn Wicht,
der liaba schöne Dirndln mag
und keine Arbeit nicht.

9.
Dahoam leb i so brav dahi,
da hams mi einfach gholt –
in Kriag – und pfeilgrad treffas mi,
wo i doch gar net wollt.

10.
Doch oamal geht a des vorbei
und i kim wieda z'ruck;
als Invalid, find a bravs Wei,
kriag Kinder a, drei Stuck!

11.
Dahoam hab i a Hütterl ghabt.
Jetzt hab i dort a Haus.
Hat mi da Sorgntcifi gschnappt,
i aber halts no aus.

12.
I schaug halt weiter übers Land, –
an Friedhof untn dort.
Gibt mir der Boandlkramer d'Hand,
na brauch i net weit fort.

Friederike Hübner-Mehler

ist in Prag geboren, fand ihre Ausbildung zur Opern- und Konzertsängerin an der dortigen Musikhochschule und sang auf Bühnen und in Konzertsälen bis 1950. Dann wurde ihr Gesang von einer schreienden Babystimme abgelöst. Sie selbst lebt seit 1967 in Bayern, widmet sich ihrer Familie und schrieb drei Bücher: „Knoblauch, Kunst und Kindheit in Prag" – „Enzian für Nepomuk" – „Von Prag bis Huglfing". Seit 1984 ist Friederike Hübner-Mehler regelmäßig mit Beiträgen in der „Kleinen Salzerreihe" beteiligt.

Die Sünde geht um

Im Sommer 1894, als meine Großeltern Ganghofner aus Prag ihre Ferien in Tirol verbrachten, entdeckten sie auf einer Kutschenfahrt das damals weltabgeschiedene Stubaital. Es war Liebe auf den ersten Blick, und so wurde das stille Dorf Mieders zum traditionellen Sommerparadies unserer Familie. Und wir blieben für die Bauern „Die Ganghofners", denn, daß meine Mutter einen Rolf Hübner geheiratet hatte, war für sie ohne Bedeutung.

Seit dem Jahre 1922 wohnten wir jeden Sommer im Haus Ruech, zwei Monate lang, sechs Familienmitglieder, dazu Köchin und Kindermädchen.

Lange Jahre war Fanuschka diese Köchin, ihr slawisch-sinnliches Gesicht, umrahmt von kohlschwarzem Haar, und ihre feurigen Blicke gaben den Tiroler Männern ermutigende Signale, und auch das blonde Kindermädchen Kathi zeigte üppige Anschmiegsamkeit. Mit sicherem Instinkt witterten die Bauernburschen Erfreuliches.

Meinen Eltern blieb all dies verborgen. In ungetrübter Bürgerlichkeit vertrauten sie der katholischen Keuschheit des Dorfes.

Günstig für den geregelten Ablauf von Angebot und Nachfrage war, daß die Zimmer von Fanuschka und Kathi ebenerdig zum stillen Garten hin lagen. Die Wärme des Sommers und der Herzen empfahl ein nächtliches Öffnen der Fenster, Luis fand zu Fanuschka, Schorsch zu Kathi...

Meine Eltern freuten sich, wie gut gelaunt die beiden Mädchen in Mieders waren, wenn auch gelegentlich etwas müde. Im Jahre 1926 änderte sich alles. Zwar gehörte Fanuschka immer noch zu unserem Haushalt, statt Kathi aber kam Mizzi. Äußerlich hatte die Natur sie mit vorbildlichen Zutaten ausgestattet, innerlich aber war sie falsch programmiert, denn Mizzi war keusch.

Fanatisch keusch. Mit dem Eifer ihrer 19 Jahre sah sie in jedem Mann einen beutegierigen Verführer.

Wie konnte Schorsch das ahnen? Gleich in der ersten Nacht stieg er in die vertraute Kammer, überzeugt, daß auch die Neue aus Prag das Scharfe liebe.

Mizzi hatte in hochgeschlossenem Hemd betend neben dem Bett gekniet und schrie wie am Spieß, als sie Schorsch erblickte. Und obwohl er sich mit einem flinken Sprung ins Freie rettete, schrie sie weiter, unaufhörlich und markerschütternd.

Meine Eltern stürzten herbei und konnten ihren Worten kaum glauben: „Aber Mizzi, das ist völlig unmöglich, zu so etwas sind die Menschen hier gar nicht fähig!"

Nebenan in Fanuschkas Kammer fühlten die beiden Liebenden sich empfindlich gestört und verfluchten den Aufruhr der Keuschheit. Luis hielt es für ratsam, der Gefahrenzone zu entfliehen.

Niemand konnte ahnen, wie hartnäckig sich der Rachedurst in Mizzis bedrohter Jungfrauenseele festgebissen hatte. Gleich nächsten Morgen eilte sie zum Pfarrer. Seine Gemeinde wäre ein Pfuhl der Sünde!

Nun war gerade dieser Pfarrer, ein alter, mürrischer Mann, seit Jahren gepeinigt von teuflischen Vorstellungen rundum schwelender Unzucht. Mit stockender Stimme und zitternden Lippen fragte er nach genauen Details dieser vorgefaßten Wollust. Aber Details gab es keine, der Schrei hatte sie im Keime erstickt.

„Wie hat er denn ausg'schaugt, der Wüschtling?"

„Ich weiß nicht – es war zu finster – aber ich kann beschwören, es war ein Mann!"

Das glaubte ihr der Pfarrer, aber es half kriminalistisch nicht weiter. So konnte er nur versprechen, die Schandtat öffentlich anzuprangern und den Sünder moralisch zu vernichten.

Dies geschah Sonntag von der Kanzel herab. Noch nie hatte Mieders seinen Pfarrer in solch entfesseltem Zorn gesehen – die grauen Haare sträubten sich in stacheliger Abscheu, seine Stimme überschlug sich in grellem Fortissimo, und die Augen durchbohrten feindselig sämtliche männlichen Kirchgänger – verdächtig waren alle. Zuletzt rief er: „Du Wüschtling, miserablichter, der Du jetzt vielleicht hier sitzest, mitten in Deiner Sünde und mitten unter mir – wenn's daß Du noch Ablaß finden wollest vor dem ewiglichten Fegefeuer, dann kimm und beichte, aber g'schleinig, Du räudiges Schaf, Du halunkisches, Malefizkerl elendiger, vermaledeiter ... wann i di erwisch ... Amen."

Mizzi hatte diese Predigt befriedigt mitangehört, und so kehrte die sittliche Ruhe ihres Herzens zurück. Trotzdem hielt sie nachts ihr Fenster verschlossen – besser erstickt, als unkeusch!

Fanuschka hingegen mißfiel des Pfarrers Predigt in höchstem Maße. Sie fürchtete, der sündenfrohe Luis könnte sich ihrem Feuer entziehen, um dem Fegefeuer auszuweichen. Aber Luis war ein Mann und er wußte: sein Herrgott war es auch. Man mußte das Problem halt einmal in Ruhe miteinander „ausdischkerieren".

Und so ging er abends nach dem Melken in die Kirche, kniete vor den Altar und betete ein inbrünstiges Vaterunser. Dann sagte er zu seinem Herrgott: „Schau, die Fanuschka isch nur zwoa Monat im Dorf. Mir bleibt aufs Jahr gnuag Zeit zum Keuschsein. Geh, sei so guat und vergunn mir etza den Gschpaß... Hast ja eh Du alles eingricht, dös schiane mit der Liab... nix für unguat, gell... und vergelts Gott tausendmal."

Der Zylinder

In meiner Kindheit glich das Reisen in die Ferien von Prag nach Tirol dem Aufwand einer Nordpolexpedition, denn wir blieben zehn Wochen und nahmen den halben Hausrat mit, wozu auch Musikinstrumente gehörten. Nur das Klavier blieb in Prag.

Unser Zug nach Innsbruck ging um 9 Uhr morgens, aber wir waren immer schon viel früher auf dem Wilsonbahnhof, besorgt, etwas könnte nicht klappen. In dem reservierten Abteil belegten meine beiden Brüder sofort die Fensterplätze mit dem Argument, sie müßten die Lokomotive beobachten – mir fehle dafür der technische Verstand.

Mein Protest, auch ich hätte das Recht auf Fernsicht, mir wäre eben Landschaft wichtiger als eine schnaubende Maschine, wurde spöttisch zurückgewiesen: „Du kannst nur planlos in die Gegend glotzen, dazu sind Fensterplätze nicht da, blöde Gans."

Meine sanfte Mutter bremste meinen aufsteigenden Wutausbruch, sie zog mich zärtlich an sich und flüsterte mir zu: „Laß die beiden, der Klügere gibt nach." Gut, ich gab nach – aber ein Instinkt sagte mir, daß der Kluge eindeutig der Dumme ist.

Der Urlaub meines Vaters begann immer erst drei Wochen später – er behauptete, aus Rücksicht auf die Kollegen. Ich vermute, es war eher Rücksicht auf sich selbst: er wollte sich von der Familie erholen und den Stand seiner Erfolge bei den Damen überprüfen.

Abschiednehmend wartete er auf dem Bahnsteig. Gleich anschließend mußte er zu einem Begräbnis gehen, mit Zylinder, das war damals so üblich. Den Zylinder trug er in dem dazugehörigen schweinsledernen Hutkoffer bei sich. Es war ein kostbarer, reinseidener englischer Zylinder. Mein Vater stellte den Hutkoffer an das Ende des Bahnsteiges neben die Lokomotive. Das war Taktik. Denn so stand er in einem gut überschaubaren Freiraum, diebischen Händen durch Vaters scharfes Auge unerreichbar. Er ließ keinen Blick von ihm, obwohl er Gattin und Kinder mit dem üblichen Bahnhofsvokabular versorgte. Schließlich setzte sich unser Zug in Bewegung, Vater ging ihm winkend nach und dem Zylinder entgegen. Kaum hatte er den Hutkoffer ergriffen und sich eiligen Schrittes dem Ausgang zugewandt, versperrten ihm zwei grimmige Polizisten den Weg.

„Sie sind verhaftet!"

„Verhaftet? Weshalb??"

„Weshalb? No sowas, unvrschämt auch noch – wägen Diebstahl! Hamm Sie ja schon ganze Zeit geschaut auf Lädrkuffr – wir hamm gesähn. Leignen nutzt nix, wir hamm gesähn, wie hamm Sie konzentrisch geplant Diebstahl, und jetz is Kuffr in Ihre Hand – also! Prager Pollizei is nicht so bleed, wie Sie denken – Sie kommen mit!"

Vater protestierte energisch und zeigte seinen Ausweis mit der seriösen Berufsbezeichnung eines Juristen, was die Ordnungshüter keineswegs überzeugte.

„Gefälscht, alles gefälscht – Kriminelle hamm immer Papier falsche." Ihre Brust wölbte sich im Hochgefühl kriminalistischer Logik. Sie ließen sich nicht beirren. Daß ein Dieb leugnete, paßte genau in ihr Konzept.

Mein Vater war ratlos. Auf ihn wartete ein toter Kollege, er durfte ihn nicht enttäuschen. Der gute Antonín Tschermák...

Es war dieser tschechische Name, der meinem Vater eingab, das ausgeprägte Nationalgefühl der Prager Polizisten auf eine sentimentale Fährte zu locken.

Zur Einleitung seiner schwarzen Welle setzte er sich mit gebrochenem Blick den Zylinder auf und sagte seufzend: „Armer Antonín Tschermák – wer wird jetzt an Deinem Sarg eine Rede halten? Wer wird Deine Witwe stützen, wer wird Deine vier kleinen Kinder trösten?"

„Was fier ein Antonín Tschermák? Is das der Direktor von der Živnostenská Banka, dem wo stäht Parte in alle Zeitungen?"

„So ist es."

„Und Sie soll'n ihm was räden?"

„So ist es."

„Und da sind vier kleine Kinder?"

„So ist es."

„No ježiši, wenn so ist es... dann, von mir aus, gähn Sie. Abr das sag ich Ihne – wenn Sie noch einmal machen wie Diebstahl und machen doch nicht Diebstahl – fier sowas sind wir nicht da, das is beswillige Entteischung!"

Sehr frühe Liebe

In Mieders war für alle Bauern um 6 Uhr abends die Stunde des Rosenkranzbetens. Die Familien versammelten sich vor ihrem Herrgottswinkel, und das Dorf war um diese Zeit wie ausgestorben, hinter allen Fenstern der Gleichklang der monotonen Gebetskette, wie das Summen eines Bienenstockes.

In der Familie Ruech hatte jeder beim Beten in der holzgetäfelten Stube seinen Stammplatz. Meine sechsjährige Freundin Zenzl und ich – damals volle acht Jahre alt – knieten immer auf der Bank vor dem Fenster. So konnte man die Gebete zum Himmel und die Neugier auf die Straße schicken.

Letzteres war für mein Gemüt besonders wichtig, denn ich hatte mich sterblich verliebt in den jungen Postmeister Luis Plangger, der immer genau um diese Stunde an unserem Fenster vorbei nach Hause ging. Meist hielt er den Kopf wie in Gedanken gesenkt, Seitenblicke schien es bei diesem gradlinigen Jüngling nicht zu geben. Er war groß und schlank, hatte blondgelocktes Haar, und sein Profil faszinierte durch eine auffallend gerade, charaktervolle Nase.

Entscheidend für meine Liebe war aber nicht nur dieser göttergleiche Kopf, sondern vor allem sein Ausdruck ernster Verschlossenheit – genauso sah der silberne Ritter Artus in der Innsbrucker Hofkirche aus, unnahbar, edelblütig und abgeschirmt in der Rüstung adliger Gesinnung. Meine Familie schien mir dagegen sehr gewöhnlich, verschlossen war an der nichts, alle redeten und lachten durcheinander. So erhob ich Luis Plangger zu meinem Ritter und liebte ihn heiß.

Allerdings – meine Liebe war unglücklich, denn der schöne Postmeister bemerkte mich nicht. Obwohl ich mir die größte Mühe gab, seine Nähe in auffallender Weise zu suchen. Ich drängte meine Familie, möglichst täglich Karten und Briefe zu schreiben, und eilte zur Post, um die Briefmarken zu holen; immer nur eine täglich, um meine Auftritte zu vervielfachen. Auch betrat ich das Postamt nur zu Tageszeiten, die eine ungestörte Zweisamkeit ermöglichten. Und wenn ich die Marken verlangte, gab ich meiner Stimme einen betörenden Klang und sah meinen Ritter mit seelenvollem Blick an.

Irgendwie kam das alles nicht an – der Postmeister würdigte mich keines Blickes. Er reichte mir die Marken mit lähmender Sachlichkeit, und so mußte ich schließlich die bittere Wahrheit erkennen: er liebt mich nicht.

Ein einziges Mal richtete er seine eisblauen Augen voll auf mich, aber aus rein amtlichen Gründen. Das kam so: Mein Vater besaß einen Tiroler Hut mit einem kostbaren Gamsbart. Er trug ihn nur in Mieders, hier allerdings gehörte er zur unverzichtbaren alpinen Dekoration, wie die Gletscher am Talende. Nun hatte meine Mutter zu ihrem Entsetzen entdeckt, daß dieser Hut in Prag vergessen worden war. So etwas gehörte bei meinem Vater in die Kategorie der Todsünden.

Meine tief zerknirschte Mutter sah nur einen Ausweg: unsere Hausmeisterin Frau Absolonová, die unsere Wohnungsschlüssel hatte, mußte den Hut schnellstens nachschicken. Also wurde beschlossen, ein dringendes Telegramm aufzugeben. Nun war meine etwas weltfremde Mutter zwar eine geübte Briefschreiberin, der knappe Stil eines Telegramms aber und die Höhe der Gebühren waren ihr völlig unbekannt. So schrieb sie:

„Meine liebe Frau Absolonová, ich habe eine große Bitte an Sie. Mein Mann besitzt einen Tiroler Hut mit Gamsbart, den er sehr liebt und den ich unglücklicherweise in Prag vergessen habe, was mir überaus peinlich ist. Da mein Mann ihn hier täglich trägt, bitte ich Sie um die große Liebenswürdigkeit, mir diesen Hut sofort per Expreß nachzuschicken. Er befindet sich im weißen Wäscheschrank im Schlafzimmer im dritten Fach von oben, hinter den Küchenhandtüchern. Bitte verpacken Sie den Hut möglichst vorsichtig wegen des Gamsbartes, damit er nicht beschädigt wird, denn er ist sehr empfindlich. Die Unkosten werde ich Ihnen natürlich in Prag sofort ersetzen. Mit bestem Dank für Ihre Mühe und vielen Grüßen an Ihren Mann und Ihre Kinder bin ich Ihre Rosl Hübner, Mieders Nr. 32 bei Ruech."

Diese Ausgeburt eines Telegramms hatte ich dem Postmeister gereicht und bedeutungsvoll gesagt: „Hier, dieses Telegramm soll ich dringend aufgeben."

Und jetzt sah er mich an – endlich sah er mich an!!

Aber nichts in seinem Blick ließ einen jähen Aufbruch in Flammendes erkennen, ganz im Gegenteil, er schien zu erwägen, ob ich schwachsinnig sein könnte. Und das ist nicht das, was eine Liebende erwartet. Schließlich sagte er abfällig: „Dös soll a Telegramm sein? Und dringend auch noch? Ja woaßt denn, Madele, was dös koschten tat? Und für so a lange Epistel gibt's ja gar koane Formulare net. Hoscht net vielleicht Du Dir dös ausdenkt mit dem Telegramm?"

In diesem Augenblick betrat meine Großmutter das Postamt. Sie wurde zur Begutachtung hinzugezogen. Lachend rief sie: „Um Gotteswillen, für das Geld bekommt man ja einen nagelneuen Hut samt Gamsbart!"

„Hob i mir glei denkt, daß dös net stimmt." Mit geringschätzigem Blick gab mir der Postmeister das Telegramm zurück. Es traf mich tief, alles. Das mit dem „Madele", das mit der Verdächtigung.

Auf dem Heimweg überlegte ich, ob ich mich in den Dorfbach stürzen sollte, aber für einen aufsehenerregenden Liebestod schien er mir zu flach. Ich könnte es im Herbst mit der Moldau versuchen.

Waterloo

Solange Hans Höss nur eins von zehn Kindern einer Familie war, die in großer Armut lebte, schenkte diesem Buben im Dorf niemand Interesse. Dann aber hatte er es durch Fleiß, Intelligenz und schlaues Taktieren so weit gebracht, daß er sich am Waldrand inmitten von Wiesen ein Grundstück kaufen konnte, auf das er einen echt Tiroler Gasthof setzte, den er „Wiesenhof" nannte.

Um die Stufen des Erfolges wuchert immer der Neid, und so spottete man im Dorf: „Der werd si net holten, der Spinner! A Gasthof ghört an die Hauptstraß und net in d' Wiesen eini – Gäst san koane Rindviecher net."

Aber genau diese idyllische Abgeschiedenheit gefiel den Urlaubern, dazu kam, daß Frau Moidl hervorragend kochte und jeden Gast mütterlich umsorgte. Bald war der „Wiesenhof" völlig ausgebucht und zog auch Mittagsgäste aus den Nachbardörfern an, die sich das Essen im schattigen Garten gut schmecken ließen.

Hans Höss war ein Mann von barocker Lebensfreude, dem alles gelang, was er anfing. Und obwohl von Beruf Baumeister, hatte er auch als Wirt großes Geschick im Umgang mit seinen Gästen. Nur mit der Organisation, mit Einkauf und Vermietung, wollte er nichts zu tun haben, das überließ er seiner Frau. An Wochenenden, wenn der Speisesaal, das Jägerstüberl und der Schankgarten überfüllt waren, half er auch beim Servieren, was seinen fülligen Körper in schwitzende Bedrängnis brachte.

An einem glühendheißen Sonntag im August hatte sich der „Wiesenhof" wieder einmal in beängstigender Weise gefüllt, ganze Karawanen zogen durch die Wiesen heran, dazu kam auch noch ein Bus mit 60 fröhlich Hungrigen. Bald waren sämtliche Tische in drangvoller Enge besetzt, und es schrie aus ungeduldigen Kehlen.

Die drei Kellnerinnen jagten wie vom Teufel gepeitscht mit ihren überladenen Tabletts hin und her, von allen Seiten hagelte es wütende Zurufe: „Wo bleibt mein Bier?" – „Bringen Sie doch endlich die Speisekarte!" – „Was ist mit meinem Schnitzel?" – „Wir haben vier Suppen bestellt!" – „Ich warte schon eine ganze Stunde!"

51

Jeder schien dem Hungertode nahe und in höchster Zeitnot zu sein.
Inmitten dieser vulkanischen Explosionen irrte schwitzend, völlig außer Fassung, mit offenem Kragen und schiefhängender Krawatte Hans Höss herum. Er holte immer Nachschub aus der Küche, irgendetwas, das da zur Ausgabe stand, und verteilte es wahllos auf den Tischen.

Einem Herrn stellte er Kirschkompott in den Suppenteller, der protestierte empört: „Wat soll denn der Quatsch? Wat soll ick mit Kompott, ick habe Bulljon bestellt, Bulljon mit Ei!"

„San S' froh, daß S' a Kompott hamm!" schnauzte Hans Höss ihn an und eilte weiter.

Mein Vater saß mit Freunden an seinem gemütlichen Ecktisch und beobachtete amüsiert die fortschreitende Auflösung des rundlichen Wirtes.

Als dann gegen 15 Uhr der Trubel endlich vorbei und Hans und die Kellnerinnen erschöpft damit beschäftigt waren, die chaotischen Tische abzuräumen, rief mein Vater: „No also, Herr Höss, jetzt haben Sie es ja überstanden!"

Hans ließ sich wie ein nasser Sack neben Vater auf den Stuhl fallen, eine Haarsträhne hing verklebt über der triefenden Stirn, die Krawatte schlapperte verdreht über seiner Brust, und er stammelte tonlos: „Mei, war dös heit a Tag, Kruziteifi – den vergiß i mein Lebtag nimmer..." Und mit vernichtetem Blick fügte er hinzu: „Dös war heit mein Waterloo!"

Hoheit am Herd

In der Politik, in der Kunst, in der Wissenschaft – überall reicht man die Lorbeerkränze den Männern. Und auch im „Wiesenhof" war es Hans Höss, der im Mittelpunkt des Interesses stand, seine originellwitzige Art war bei allen ungemein beliebt, man forderte ihn gern auf, sich zu einem Glas Wein in die Runde zu setzen.

Seine Frau Moidl dagegen kannten nur wenige Gäste, denn sie kam keine Minute aus ihrer Küche heraus, in der sie einen pausenlosen Arbeitstag von 17 Stunden verbrachte. Sie war der eigentliche Kern des Gasthofes, das treu schlagende Herz, von dem alle Impulse ausgingen. Um 5 Uhr morgens begann ihre Mühe, sie knetete den Teig für die Mehlspeisen, setzte in riesigen Töpfen Rindfleisch mit Gemüse für die Suppen auf, rollte Butterrosen für das Frühstück der Pensionsgäste, verteilte in kleinen Vasen frische Blumen auf den Tischen.

Je höher die Sonne stieg, desto quälender wurde die Temperatur rund um den Herd, den sie mit Holz feuerte und in dessen zahlreichen Eisenringen die schweren Pfannen hingen. Mit der Präzision eines Uhrwerks führte Frau Moidl ihre Handgriffe aus, wendete, rührte, goß nach. Sie beherrschte die verschiedensten Bratvorgänge in fünf Pfannen gleichzeitig, vergaß nie, das knusprige Bräunen kiloschwerer Fleischmassen in der Röhre zu betreuen, und verlor auch nie die Übersicht, wohin ihre Aufmerksamkeit zu richten war.

Verschnaufpausen gab es für sie nicht – aus einem Topf Kaffee, der am Rande des Herdes stand, holte sie sich hin und wieder einen Schluck des „Aufpulverns". Mit einer gläubigen Treue empfand sie die Arbeit für ihre Gäste als Auftrag. Und dies war wohl das Entscheidende: sie sah nichts Unterwürfiges in ihrem Dienen für andere, nein, sie erfüllte eine Aufgabe, die Gott ihr zugewiesen hatte.

Jeder im Dorf bewunderte ihre unglaubliche physische Kraft, die allen Respekt einflößte. Immer aber lag ein Ring des Abstandes um sie, ungewollt, die stolze Härte ihres Gesichts strahlte es aus. Wenn sie einen mit ihren dunklen Augen ansah, hatte man das dumpfe Gefühl, etwas angestellt zu haben.

Ihre schwarzen Haare und das warmgetönte Braun ihrer Haut ließen auf ein südlich-ungezügeltes Temperament schließen. Aber es gab keine donnernden Ausbrüche, die schneidende Härte ihrer Worte nahmen jedem Gegner die Geschosse aus der Hand.

Moidl fühlte sich frei und unabhängig, die Meinung ihrer Mitmenschen war ihr völlig gleichgültig. Entscheidend für sie war nur, wie sie vor Gott bestand.

Ihre abgearbeiteten Hände zeigten fast immer Verletzungen, Brandwunden, Schnitte, Blasen. Sie ignorierte das und meinte lachend: „Wer koa Zeit net hat, der gspürt nix!"

Als ich ihr einmal eine Brandsalbe mitbrachte, sagte sie verächtlich: „Dös Glump nimm glei wieder mit; bevor i die blöde Tuben aufschraub, brennt mi schun nix mehr!"

Der schwerste Schicksalsschlag war für sie der Tod ihres Lieblingssohnes Rudi – er war in Rußland gefallen. Als der Postbote diese Nachricht brachte, war sie gerade dabei, für 80 Personen Mittagessen zu kochen. Keine Sekunde unterbrach sie ihre Arbeit am Herd, versteinert hantierte sie über dem Feuer – „die Leut' können ja nix dafür" – erst am Abend überfiel sie die Verzweiflung.

Ich verehrte diese erstaunliche Frau und versuchte immer wieder, mit ihr in ein Gespräch zu kommen – vergeblich, nie hatte sie Zeit. Bis ich durch einen Zufall entdeckte, daß sie jeden Abend gegen 22 Uhr im Keller die Abfälle aus dem Hotelalltag verbrannte. Hier war sie gern zu einem Gespräch bereit und lachte, wenn sie mich kommen sah: „Kimm nur, a bisserl stinken tuats halt in meinem Krematorium."

Moidl hatte die unerschöpfliche Kraft eines tief gläubigen Herzens. Darin erinnerte sie mich an meine Großmutter Ganghofer, die immer, wenn sie Bitteres durchzustehen hatte, zu mir sagte: „Jammern nutzt nix – tragen muß man es!"

Amtlich geprüfter Preuße

Die Bayern und die Tiroler haben eins gemeinsam: Sie mögen keine Preußen. Wobei die Tiroler sich in einer Zwickmühle befinden – sie können das preußische Ungeziefer weder ausrotten noch verscheuchen, weil dann die Münzen der Urlaubsgäste ausbleiben. Deshalb lächeln sie menschenfreundlich – und frohlocken, wenn irgendein Preuße irgendwo von irgendwem in irgendetwas besiegt wird.

Da ich im Dorf Mieders seit meiner Kindheit als „halbeinheimisch" galt, empfanden es meine bäuerlichen Freunde als Fehltritt, daß ich im Jahre 1952 mit einem preußischen Ehemann auftauchte.

Hans Höss, der Wirt vom „Wiesenhof", reichte mir kaum die Hand und sagte mürrisch: „Schamscht Di gor nit?"

Wenn wir zum Frühstück kamen, fragte er nur m i c h, ob ich gut geschlafen hätte; dem Preußen wünschte er alle Alpträume der Hölle.

Nach einigen Tagen hielt er mich an und sagte abfällig: „Auch noch Offizier isch er, der Preiß...! Was für Dienschtgrad?"

„Oberstleutnant."

„Vorname?"

„Ernst."

„Ernscht? Naa – do geaht nix. Bei mir hoaßen alle Preißen Justaff. Richt ihm dös aus!"

Hans Höss war in Mieders unangefochtene Autorität, und so übernahmen alle im Dorf seine Weisung: Der Preiß heißt Justaff. Man hoffte, ihn damit reizen zu können und grüßte ihn überall mit lachendem Spott: „Grüaß Gott, J u s t a f f!"

Es sollte wohl eine Art rotes Tuch für den Preußenstier sein. Mein ahnungsloser Mann hielt das für eine besondere Zugewandtheit auf tirolerisch und grüßte in naiver Herzlichkeit zurück. Das irritierte die Gegner – allmählich wandelte sich ihre Aggressivität in Sympathie.

So schien es auch Hans Höss zu gehen, denn er kam eines Abends freundlich lächelnd an unseren Tisch, fragte, ob wir mit dem Essen zufrieden wären, und sagte dann mit faunischem Blitzen in den Augen: „Justaff, heit auf d' Nacht kimmscht mit mir – mir zwoa rollen's Dorf auf!"

So nannte man einen alkoholischen Rundgang von Kneipe zu Kneipe, das Motiv war immer, ein Opfer zu „ersäufen". Ich wußte sofort, wer diesmal vergiftet werden sollte, und so bat ich in eindringlichem Ton: „Geh Hans, ich bitte Dich, sei vernünftig! Denk daran, der Ernst ist Eure Sauferei nicht gewohnt."

„Drum – drum muaß ers derlernen. Heit werd sichs zoagen, ob daß er a Mannsbild isch oder nur a Preiß..."

Meine einzige Hoffnung war der strenge Nachtwächter Klaus Stadler. Er sorgte dafür, daß die Sperrstunde um Mitternacht pünktlich eingehalten wurde.

Gegen 21 Uhr wollten sie ihren Rundgang beginnen, drei Stunden würde mein alkoholisch erprobter Mann hoffentlich durchstehen.

Trotzdem – als ich um 23 Uhr zu Bett ging, legte ich vorsorglich wiederbelebende Tabletten bereit, wobei meine Gedanken angstvoll um das geliebte Opfer kreisten...

Der grundlegende Irrtum junger Ehefrauen besteht darin: sie bedauern einen, der mit jedem Glase glücklicher genießt, wieder einmal heiter unter Männern saufen zu können. Er vergißt den Blick zur Uhr, und sein Zeitgefühl verschwimmt in schaukelnder Schwerelosigkeit. Der wartenden Gattin aber hämmern die Minuten Angst ins Herz.

So trieb es auch mich immer wieder ans offene Fenster. Mitternacht war längst vorbei. Der Feldweg zum Dorf lag im Mondlicht wie ein fahles Band vor mir und schien mich gelangweilt anzugähnen.

Meine Unruhe wuchs – von 2 Uhr morgens an verließ ich meinen Platz am Fenster nicht mehr und sah mich schon verwitwet.

Endlich! Um 3 Uhr tauchten drei schwankende Gestalten auf, blieben immer wieder stehen, sangen Gurgelndes und lachten. In der Mitte bemühte sich der Nachtwächter Klaus vergeblich, die Rolle des Linienhalters durchzustehen – auch seine Knie waren alkoholisch getränkt.

Ich sprang ins Bett und stellte mich schlafend, um meinen Geschädigten nicht durch penetrante Nüchternheit zu erniedrigen. Allerdings fiel es mir schwer, glaubwürdig zu schlafen angesichts des tapsenden Gepolters um mich herum. Als mein Mann endlich erfolgreich entkleidet im Bett lag, hielt ich das Kapitel für beendet. Nun aber kam die Sterbeszene mit dem röchelnden: „Oh Gott...! Oh Gott...!"

Da Gott nicht helfend herabschwebte, griff ich zu den Tabletten und flüsterte Tröstliches. Es war überflüssig. Gefragt war nur der Eimer.

Als ich nächsten Morgen allein zum Frühstück kam, strahlte Hans Höss. Seine Weltordnung rundete sich in Harmonie – Preußen war gefallen.

Abends aber hielt Hans es dann doch für angebracht, Reue zu zeigen. Er fragte mit leichtem Anflug menschlicher Teilnahme: „Wo bleibt er denn, Dein Justaff?"

„Du Heuchler – erst vergiftest Du ihn und jetzt..."

Da legte Hans den Arm um mich und sah mich lachend an: „Schau, i hab ihn prüfen müaßen – Deinetwegen! Bei die Hexen hat mans mit Wasser gmacht, bei die Mannsbilder tuat mans mit Obstler. Und weil daß er bstanden hat, verleih i ihm ab heit an nuien Dienschtgrad: amtlich geprüfter Obstler-Leutnant!"

Bildung muß sein

Wie die meisten Prager Deutschen war mein Vater sehr kulturbewußt und fand, was den Menschen vom Tier unterscheide, wäre seine Bildung. Man könne sich zwar darüber streiten, ob das Gehirn eines Schimpansen nicht einen höheren Intelligenzquotienten aufweise, als das so manchen Politikers, aber ohne Zweifel wüßte auch der klügste Schimpanse nichts von Beethoven, was bei einem Politiker immerhin möglich wäre.

So hatte er uns, als wir noch Kinder waren, vieles aus der Geschichte erzählt, wie andere Väter Märchen. Wir wußten sogar, daß der dreißigjährige Krieg dreißig Jahre gedauert hat, was manche immer wieder verblüfft. Und an regenreichen Sonntagen hat er mit uns nicht irgendwelche Bilderbücher angesehen, sondern den dicken Bildband „Weltgeschichte" oder auch den herrlich illustrierten Wälzer „Geschichte der Malerei", so daß uns alle wesentlichen Meister namentlich bekannt waren und auch die Bedeutung ihrer vorwiegend biblischen Themen.

Mein Bruder Kurt, inzwischen Professor der Philosophie an der Universität Kiel, hatte meinem Vater drei Enkel geschenkt, ich brachte es nur auf zwei. Immerhin waren das fünf Köpfe mit Hübner-Erbmasse, da mußte Bildung hinein. Und da mein Vater den Eindruck hatte, wir wären in der Verabreichung traditioneller Geisteskost überaus lasch, benützte er das alljährliche Familientreffen in Mieders, sich seiner Enkel anzunehmen. Eis spendierte er ihnen nie – nur Bildung. So zitierte er mit viel Humor und komödiantischer Brillanz heitere Gedichte von Busch, Ringelnatz und Morgenstern – natürlich alles auswendig, Ehrensache, womit er bei seinen kleinen Zuhörern großen Anklang fand. Wenn sie dann eine Zeile, die er abwartend ausließ, fortsetzten, war er sehr befriedigt: die Saat war aufgegangen.

Als die Enkel größer waren, stiegen auch Vaters Anforderungen. So fragte er einmal, ob sie wüßten, wie die neun Musen hießen, worauf der neunjährige Vincent aus Kiel ihn herablassend fragte: „Und was bringt es, wenn man das weiß?"

Vater sah ihn entgeistert an: „Was es – bringt?? Es wird Dir zumindest nicht schaden, wenn Du es weißt." Und mühelos rasselte er die Namen herunter.

Die vierzehnjährige Ulrike war beeindruckt: „Toll, Großvater, wie kannst Du Dir das merken?"

Ein geniales Kind, genau diese Frage hatte Vater erhofft: „Es gibt drei Worte als Gedächtnisstütze: Klio-me-ter-tal, eu-er Ur-po-kal, das sind die Anfangssilben der Musen Klio, Melpomene, Terpsichore, Thalia, Euterpe, Erato, Urania, Polyhymnia, Kalliope."

Vincent zuckte abfällig die Schultern, lehnte sich lässig im Sessel zurück und lutschte an seinem Eis: „Das bringt mir keinen Spaß, Großvater, so'n Tütterkram zu wissen. Und was nützen mir Deine Anfangssilben, wenn ich nicht weiß, wie die Ziegen hinten weiterheißen? Na schön, Du weißt das mit den Musen, aber Du kannst mir sicher keinen einzigen Fußballspieler sagen und in welchem Verein er spielt, nicht einmal mit Anfangssilben."

„Das hat ja auch mit Bildung nicht das Geringste zu tun!"

„Da bist Du aber schief gewickelt. In meiner Klasse würdest Du mit Deinen beknackten Musen überhaupt nicht landen, aber wenn Du über Fußball Bescheid weißt, bist Du okay."

„O k a y! Gräßlich – was ist das für ein Wort! Ich kann diese Verrohung der deutschen Sprache nicht hören, da dreht sich mir der Magen um!"

„Mein Magen kann das gut ab, ich will ja nicht so verstaubt reden wie Dein oller Goethe. Und das muß ich Dir ehrlich sagen, diesen ganzen klassischen Schwulst liest ja heute kein Schwein mehr, das bringt einfach keinen Spaß."

Keinen Spaß... Das war sein Enkel, der so dachte, sein Enkel! Es traf meinen Vater tief, denn nun wußte er: sein Abendland war soeben untergegangen.

Der Tag neigt sich

Jeden Abend um dieselbe Zeit sah ich die alte Pimmerin vor ihrem Haus sitzen, den Rosenkranz in der Hand. Ihre Augen waren halb geschlossen, und in murmelndem Gebet ließ sie die hölzernen Kügelchen zwischen Daumen und Zeigefinger abrollen. So war sie geregelt, die tägliche Andacht, kein Gebet zu wenig, keins zuviel. Verläßlich mußte man sein in der Zwiesprache mit dem Herrgott, das war man ihm schuldig.

Auch mein Tag in Mieders hatte seine kleinen Kügelchen der Besinnung, Zäsuren zwischen dem vielstimmigen Fugato unserer Familiensymphonie.

Jedes Jahr wohnte die Großfamilie Hübner-Mehler im „Wiesenhof", vierzehn Personen. Gegen Abend trennten sich ihre Wege, zum Tennisplatz, ins Dorf, zum Dämmerschoppen – und die Cousinen Ulrike und Ruth waren um diese Zeit immer im Stall bei Ludwig Ruech, halfen beim Füttern, beim Ausmisten und trugen das Aroma dieses Fleißes allabendlich in den Speisesaal.

Ich zog mich dann meist mit einem Buch in die Stille unseres Balkons zurück, genoß den weiten Blick ins Tal und sah zu, wie die Sonne dem Ampferstein zustrebte, um sich zu verabschieden. Einen Tag, beladen mit sommerlicher Heiterkeit, zog sie sanft in das „Gewesen".

Unter mir würden gleich meine Eltern in dem Wiesenweg auftauchen, es war die Zeit ihres Abendspaziergangs. Nur ein kurzer Weg vom „Wiesenhof", er endete täglich bei der Bank vor dem Haus Ruech. Dort plauderten sie mit den Vorübergehenden, jeder kannte sie, die altvertrauten Sommergäste, man konnte ihnen alles erzählen.

Da kamen sie, meine beiden Alten, langsam, unsicher, ohne Zutrauen in eine schwindende Kraft. In jedem Schritt wurde sie sichtbar, die Sorge, hinzufallen.

Seit zwei Jahren hatte mein einst so forscher Vater diesen tapsenden Greisengang, er benützte einen Stock und den Arm meiner Mutter als Halt. Aber seit sie im vorigen Jahr einen Schlaganfall erlitten hatte, war ihr die Rolle der verläßlichen Stütze entglitten. So lehnten sie sich eng aneinander, jeder lieh dem anderen seine halbe Kraft, in der Hoff-

60

nung, gemeinsam doch noch zu einer brauchbaren Ganzheit zu verschmelzen. Je weiter sie sich vom „Wiesenhof" entfernten, desto täuschender fügten sie sich zu einem gemeinsamen Umriß, der in die Hand auslief, die den Stock führte. Die letzten Sonnenstrahlen und meine zärtlichen Gedanken legten sich um diese beiden abendlichen Gestalten. Und ich dachte daran, wieviel liebevolle Mühe sie jahrelang um uns Kinder gebreitet hatten, wie golden das Glück gewesen war, das sie hier in Mieders Sommer für Sommer für uns aufblühen ließen. Wie oft würde ich ihnen noch so nachschauen können? Ihr hilfloser Gang machte deutlich, wie unaufhaltsam die Spule ablief – der Faden war dünn geworden. Und als könnte ich dieses Bild meinem Herzen unauflöslich einbrennen, zog ich es tief in mich hinein.

Da verschwanden sie hinter dem Heustadel, und seltsam – wie auf ein geheimes Zeichen versank auch die Sonne, als hätte sie ihren Auftrag begriffen, diesen alten Sommergästen noch ein wenig das Geleit zu geben.

Ich lehnte mich im Liegestuhl zurück, der Schatten einer leisen Wehmut zog in mein Gemüt...

Da rief eine wohlbekannte Kinderstimme zu mir herauf: „Mutti – bist Du da oben? Kannst Du mir bitte ganz schnell den Ball herunterwerfen? Aber ganz schnell." Ganz schnell, natürlich.

Und als ich ihn dann hinunterwarf zu dem kleinen Frank, der seine Arme erwartungsvoll bereithielt und diese runde Wichtigkeit mit strahlendem Lachen auffing, da hatte der kleine Ball aus Leder den sinkenden Ball am Himmel aus meinem mütterlichen Herzen hinausgerollt.

Internationale Verständigung

Was war das für ein miserabler, abscheulicher, hoffnungsloser Sommer! Vierzehn Tage waren wir nun schon in Mieders, wollten der jungen Anne aus Schottland die Schönheit der Berge zeigen, aber ein umfangreiches Tief hatte sich behaglich ins Stubaital gebettet, dicke Wolkenschichten sperrten die ersehnten Lichtblicke aus, und das hartnäckige Geräusch niederrinnenden Regens breitete Schimmel auf die Gemüter.

Wir hatten Anne bereits alles Sehenswerte in und um Innsbruck gezeigt, Museen, Kirchen, Kirchlein, Kapellen, Kapellchen – nun half alles nichts: das Bergerlebnis war fällig!

Schließlich, am Tage vor ihrer Abreise, faßten wir den Entschluß: „Ganz gleich, wie sehr es regnet, wir gehen auf den Blaser."

Das ist ein sanfter Berg, 2241 Meter hoch, ohne sensationellen Rundblick, aber der war ohnehin aus dem Programm genommen. Dafür gab es unterhalb des Gipfels eine gemütliche Almhütte – Speck und Wein garantiert, ein warmer Herd zum Trocknen durchweichter Kleidung ebenfalls.

Normalerweise stand man früher zu solch einer Bergtour um 4 Uhr morgens auf, um vor der Mittagshitze auf dem Gipfel zu sein. Wie angenehm, daß dies jetzt nicht nötig war. Wir frühstückten in aller Gemütlichkeit und brachen dann auf, in Pullover und Regenmäntel gehüllt und zusätzlich noch mit Schirmen bewaffnet.

Die kühle Luft trug uns schonungsvoll die Steigungen hinauf, wir gewannen schnell und mühelos an Höhe. Und kein Mensch weit und breit – man glitt in romantisches Träumen, ausgelöst durch die Bilder eines verhangenen Waldes. Nebelschwaden zogen mit geheimnisvollen Schleiern durch die Tannen, an den Farnen glänzten schwere Tropfen, und die Erde dampfte uns Würziges in die Nase, ein Reichtum rundum, der uns den Regen preisen ließ.

Je näher wir dem Almboden kamen, desto größer wurden meine Bedenken, ob bei diesem Wetter jemand in der Hütte sein würde. So beschleunigte ich meine Schritte, und bald tauchte im Nebel der Umriß des Hauses auf. Leider fehlte der Rauch aus dem Kamin, ein schlech-

tes Zeichen. Die Türe aber war unverschlossen, und als ich in dem leeren, kalten Gastraum stand, rief ich: „Gäste sind da!" Nichts. Ich wie-
derholte mit sinkendem Mut und steigender Stimme meine Rufe.
Endlich hörte ich etwas rumpeln. Kurz darauf erschien ein verschlafe-
ner junger Mann, der verdattert fragte: „Wo kemmen jetza Sie daher?"

„Es kommen noch mehr, sieben sind wir, drei hübsche junge Mädchen
sind auch dabei, sogar eins aus Schottland, die ist ganz besonders neugierig, ob die Tiroler wirklich so lustig und schneidig sind. Also – zeigen Sie Ihre Talente – vor allem wollen wir etwas Warmes
essen!"

„Dös hammer glei – do fahlt si nix. Aber erscht muaß i mi
rasiern!"

Er wollte verschwinden, aber ich rief ihm nach: „Erst muß Feuer in
den Herd – die Schönheit kommt später!"

„I gschlein mi – halten S' die Leit a bisserl auf!"

Das versprach ich und eilte meiner Familie als Bremsklotz entgegen:
„Anne, hier oben wächst echtes Edelweiß! Kommen Sie, ich zeig es
Ihnen. Wir brauchen hier nur ein wenig die Gegend abzusuchen!"
Darauf verspürte zwar keiner allzugroße Lust, aber schließlich gelang
es mir doch, meine scheinbare Edelweiß-Begeisterung auf die anderen
zu übertragen. Wir fanden schließlich auch ein vermickertes, grünlich-
weißes Sternchen, doch sowie ich Rauch aus der Almhütte aufsteigen
sah, stürzten wir alle gierig der Geborgenheit zu.

Der Wirt stand frisch rasiert und gut gelaunt in der Tür und stieß einen
Jodler aus. Als er die drei Siebzenjährigen sah, funkelte es in seinen
Augen. „Teifi, Teifi, do hätt i gar net einheizen müassen bei selle fe-
sche Weiberleit – mir werd schun ganz hitzig!"

Im Herd knackte das Holz und verbreitete seinen würzigen Geruch,
auf dem großen Tisch standen sieben Teller, vor jedem ein Stamperl
voll Schnaps. „Den spendier i – man muaß nämlich das Regenwasser
ausm Hirn außerspülen, eh daß es aufweichen tuat."

Und so verband sich alles in unseren Gemütern zu einem runden
Wohlbehagen , wozu die mitreißende Herzlichkeit des jungen Tirolers
wesentlich beitrug.

„I bin der Schorsch", sagte er und fand immer wieder überzeugende

Gründe, einen weiteren Obstler zu trinken. Als wir fragten, was er uns zum Essen bieten könnte, meinte er lachend: „Ja, alles, alles könnts haben, in der Gaschtronomie bin i einwandfrei. Da hätt i Knödel mit Kraut oder auch Kraut mit Knödel oder a Knödelsuppen oder Knödel mit Ei oder Speck mit Ei oder Speck mit Brot oder Ei mit Salz und Pfeffer – a sellenes Angebot werds net so leicht finden in der alpinen Prominenz."

Nach dem Essen, das uns ausgezeichnet geschmeckt hatte, holte Schorsch seine Zither und trug mit südlichem Feuer Tiroler Gstanzln vor. Wenn es dabei um ein „Schatzerl" ging, blitzten seine Augen zu Anne hin, deren Wangen von dem ungewohnten Obstler reizvoll gerötet waren. In ihren dunklen Augen schimmerte ein warmer Glanz, und als Schorsch seine Zither beiseite schob und sich neben sie setzte, fing sie mit heller Sopranstimme an zu singen, alte schottische Volkslieder. Den Text verstanden wir nicht, aber auch hier waren es zärtliche Wellen, die sie mit mädchenhaftem Charme dem Tiroler Wirt zufließen ließ.

Und er meinte, zu dem Kaffee, den er uns brachte, müsse man unbedingt wieder einen Obstler trinken. Wir protestierten: „Wir haben noch vier Stunden Abstieg nach Mieders vor uns!"

„Naa, naa, do geaht heit nix mehr – Ihr bleibts bei mir über Nacht."
Dieser Wunsch galt wohl eindeutig Anne.

Als wir schließlich dann doch aufbrachen, wollte er uns noch ein Stück begleiten. Es hatte aufgehört zu regnen, klar und wie von Götterhand gesäubert standen die Berge um uns, eine verschüchterte Sonne tauchte alles in ein silbriges Licht.

Unser Abstieg verlief beschwingt. Der viele Alkohol hob unsere Schritte in einer Leichtigkeit, als würden wir von Luftballons getragen. Was uns hin und wieder zum Stehen brachte, war das vom Lachen überlastete Zwerchfell.

Schorsch rief juchzend aus: „Mei Leitln, hamm wir a Gaudi!"

„Was ist das für eine Wort?" fragte Anne neugierig.

Da sie deutlichen Eifer zeigte, dieses Souvenir auf ihre Zunge zu bringen, stellte Schorsch sich dicht vor sie hin, nahm ihren Kopf in seine Hände und rief: „Paß auf – schau mir kerzengrad auf den Mund, dann lernscht es am schnellsten!"

Unter dem Motto einer intensiven Sprachübung veranstaltete er nun ein unnachahmliches Feuerwerk an erotischem Zündfeuer. Er sprach das Wort immer wieder ganz langsam und mit einem frech-sinnlichen Spiel seiner Lippen vor, zwingend vor ihrem gebannten Gesicht.

Schließlich fragte sie verwirrt: „Was es heißt überhaupt - G a u d i ? "

Sie glaubte unseren harmlosen Erklärungen nicht, nein, kein Wort! Sie wußte ohnehin: in Tirol war alles Schwindel.

Nach etwa einer Stunde sagte Schorsch, nun müsse er leider, leider zur Hütte zurück. Herzlich reichte er jedem von uns die Hand. An Anne wandte er sich zuletzt – und ehe sie sich dagegen wehren konnte, hielt er sie fest in den Armen und küßte sie. Dann sah er sie liebevoll an und bat: „Geh, Annerl, sag mirs noch amol, unser Wort."

Anne legte ihren Kopf zurück, um ihre leicht geöffneten Lippen spielte ein Lächeln, das den ewigen Zauber weiblicher Verlockungen ausdrückte, seit Urzeiten von Eva zu Eva vererbt. Dann schlang sie zärtlich die Arme um seinen Hals und sah ihm in die Augen:

„G a u – d i . . . "

Was auch immer die Schottin darunter verstand – dem Tiroler schoß es ins Blut.

Weilheimer Kulturkreis

Personen:
Moderator
Professor Dr. Max Klughammer
Stadtrat Alfons Bierhübler
Staatsschauspieler Konrad Schönkofler
Gastwirt Korbinian Neubauer
Psychologin Iris Hartkopf

Moderator: Meine sehr geehrten Damen und Herren, ich begrüße Sie in unserem heutigen Kulturspiegel, der sich mit einem Thema von außerordentlicher Bedeutung beschäftigen wird. Unsere Gäste sind: die Psychologin Frau Iris Hartkopf, der international bekannte Germanist Professor Doktor Max Klughammer, Herr Staatsschauspieler Konrad Schönkofler, unser Gastwirt Korbinian Neubauer und unser allseits beliebter Stadtrat Alfons Bierhübler. Das Thema, das heute zur Diskussion steht und dessen weltweite Bedeutung ich hervorheben möchte, lautet: Hat Johann Wolfgang von Goethe auf seiner Reise nach Italien im Herbst 1786 in Weilheim übernachtet? Ich bitte Herrn Professor Klughammer um das Wort.

Professor: Wie allgemein bekannt sein dürfte, beschäftige ich mich seit Jahren mit der Goetheforschung und hier wiederum mit der speziellen Frage, welche Reisen Goethes Schaffen besonders beeinflußt haben. Im Zuge dieser Forschungsarbeit bin ich nun auf die Urform eines Gedichtes gestoßen, dessen Schriftzüge eindeutig die Hand Goethes erkennen lassen. In diesem Gedicht heißt es:

Ich ging in Weilheim so für mich hin
und nichts zu suchen, das war mein Sinn.
Da fand ich ein schattig Biergärtelein,
oh köstliches Weißbier, wie mundest du fein...

Wir können demnach als erwiesen ansehen, daß Johann Wolfgang von Goethe sich in Weilheim aufhielt und wohl auch in der Nacht vom 6. zum 7. September 1786 hier übernachtet hat. Nun erheben sich in diesem Zusammenhang noch viele ungeklärte Fragen. Da wäre zunächst...

Psychologin: Meines Erachtens muß man zunächst hinterfragen, was das psychologisch Essentielle dieser Übernachtung ist, denn eindeutig hängt es mit der libidösen Beziehung Goethes zur Frau zusammen. Ohne die psychoimmanente Inspiration der F r a u wären Goethes Werke nie entstanden.

Professor: Aber, aber – dafür gibt es keinerlei zwingende Hinweise.

Psychologin: Womit Sie nur Ihre typisch männliche Ignoranz beweisen. Es ist hinreichend bekannt, mit welch systemtranszendenter Eindeutigkeit Frau von Stein Herrn Goethe beeinflußt hat. Wir können davon ausgehen, daß die Silbe „ei", sowohl als Urzelle des Namens S t e i n als auch in dem Begriff „Ei" als Symbolwert der Fruchtbarkeit, daß also diese Silbe „ei", die wir in dem Wort „Weilheim" gedoppelt vorfinden, ausschlaggebend war, Goethe zu einer Übernachtung zu drängen.

Schauspieler: Ich halte es – gelinde gesagt – für einen feministischen Nonsens, die Rolle der Frau bei Goethe zu überschätzen. Ich habe als Schauspieler begreiflicherweise eine ganz klar fundierte Beziehung zu Goethe – er hat mir meine besten Rollen geradezu vorausahnend auf den Leib geschrieben. Wer meinen „Egmont" kennt oder meinen „Tasso", weiß das. Gar nicht zu reden von meiner ergreifenden Darstellung des „Faust". Das war d i e Sensation bei den Salzburger Festspielen. Wie ich diese Rolle vom Kern her aufgebaut habe, diese Mischung aus Philosophie und Erotik – ich darf wohl in aller Bescheidenheit sagen, daß wohl kaum vor mir jemand...

Moderator: Wir wissen das, Herr Staatsschauspieler, aber bitte, bleiben Sie beim Thema.

Schauspieler: Der Schwerpunkt in Goethes Schaffen liegt ganz eindeutig in der Verherrlichung des Mannes. Denken Sie an Götz von Berlichingen, Egmont, Tasso, Clavigo – na und der Faust! Faust, der Inbegriff männlichen Geistes. Sie haben gewiß die Eurovisionssendung mit mir als „Faust" gesehen, Millionen begeisterter Zuschauer...

Moderator: Wir erinnern uns, Herr Staatsschauspieler, aber ich muß Sie doch bitten, sich an unser Thema zu halten.

Schauspieler: Die Frau existiert bei Goethe nur in ihrer totalen Abhängigkeit vom Manne, sie ist die demutsvolle Anbeterin – denken Sie nur an Gretchen oder an Klärchen... Wie deutlich drückt sich Goethes Geringschätzung dieser Frauengestalten schon in der Endsilbe aus – dieses infantile „chen": Gret-chen, Klär-chen... Übrigens, ich erlebe diese Anbetung täglich bei meinen weiblichen Fans, was meinen Sie, was da los ist...

Moderator: Wir kommen vom Thema ab. Es geht doch um die Frage, ob Goethe in Weilheim übernachtet hat. Vielleicht sagen Sie, verehrter Herr Stadtrat...

Stadtrat: Für mich als Stadtrat steht natürlich ein lebensnahes Stadtbewußtsein der Bürger im Vordergrund, vor allem aber geht es dem Politiker immer um die Glaubwürdigkeit. Die Frage lautet deshalb für mich: Kann der Weilheimer Bürger sagen „Goethe war in Weiheim"? Ja, meine Damen und Herren, das kann er. Mit Recht und mit Stolz. Das beweist ein Gedicht, das ich kürzlich im Stadtarchiv gefunden habe. Da heißt es:

Willst Du immer weiter schweifen?
Sieh, das Gögerl liegt so nah –
lerne nur Dein Glück ergreifen,
Bier und Wein sind immer da.

Es ist naheliegend, daß das Gögerl dem großen Goethe schon durch die Silbe „gö" vertraut war. Ich werde in der nächsten Stadtratssitzung beantragen, daß man das Gögerl in „Goethe-Gögerl" umbenennt.

Moderator: Herr Stadtrat, ich danke Ihnen für Ihre wertvollen Hinweise, die unserer Stadt gewiß zu neuen Impulsen verhelfen werden. Nun aber möchte ich Herrn Korbinian Neubauer fragen, wie er den Besuch Goethes vom Standpunkt des Gastwirts sieht.

Gastwirt: Jo mei – dös is a so. Mein Gasthof, den hats aa zur Goethezeit scho gebn. Und weil da Goethe ein ganz ein feiner Mann gwen is, drum kann i mir scho denka, daß der in mein Haus abgstiegn is. Aa der Franz Josef Strauß hat allweil bei mir gwohnt – und warum? Wegen meiner guaten Küch! Der versteht sich vielleicht aufs guate Essen, unser Landesvater. Zum Beispui bei die Knödel, da langa viere net – san aba aa sakrisch guat, meine Knödl.

Moderator: Mich würde interessieren, was könnte wohl Goethe Ihrer Meinung nach in Weilheim gegessen haben?

Gastwirt: Ui jegerl, da tua i mi hart bei die Dichtersleit. Also dem Strauß, dem tät i erscht amoi a Leberknödelsuppe gebn und danach...

Moderator: Uns geht es um Goethe und nur um Goethe. Was könnte er getrunken haben – Bier verabscheute er...

Gastwirt: Naa, naa, bittschön – mei Bier verabscheut koa Mensch. Dös is sicher: a Bier hat der Goethe trunken, und nix wia a Bier, gebildet, wia der gwen is...

Professor: Interessant – in diesem Zusammenhang sehe ich die Ballade vom getreuen Eckart in einer völlig neuen Perspektive. Da heißt es:

Doch siehe, man kostet: ein herrliches Bier – man trinkt in die Runde schon dreimal und vier und noch nimmt das Weißbier kein Ende...

Psychologin: Meines Erachtens geht es bei der Spezifizierung des Bieres um die Infiltration des Begriffes „Weißbier", gleichbedeutend mit „ich weiß". Wie es im „Faust" heißt: Zwar weiß ich viel, doch möcht ich alles wissen... Vielleicht wäre es in diesem Zusammenhang opportun, das Weilheimer Weißbier in „Goetheweizen" umzuwandeln.

Stadtrat: Ich werde diesen Vorschlag meiner Fraktion weitergeben. Was den Konsum des Bieres betrifft, kann meine Fraktion auf eine Verbrauchertradition größten Ausmaßes zurückblicken.

Moderator: Meine Damen und Herren, wir müssen leider zum Schluß kommen. Ich möchte Ihnen nur noch eine Frage stellen und bitte Sie, möglichst kurz zu antworten: Was verändert sich Ihrer Meinung nach für Weilheim durch die Tatsache, daß Goethe hier abgestiegen ist? Bitte, die Dame zuerst.

Psychologin: Die Diskussion hat tiefgehend sublimiert, daß Goethe durch Frau von Stein symptomatisch in diese Stadt mit dem gedoppelten „ei" gezogen wurde. Daraus ergibt sich zwingend, die metaphysische Bindung Goethes an das Ei zu untersuchen. Man sollte zu einem diesbezüglichen Symposion nach Weilheim einladen.

Schauspieler: Das Wichtigste ist doch wohl, in der Goethestadt Weilheim jeden Sommer auf dem Marienplatz den „Faust" aufzuführen. Ich bin zwar auf Jahre hinaus ausgebucht, natürlich könnte die Stadt sich mit meinem Agenten in Verbindung setzen – letztlich ist es eine Frage der Gage...

Stadtrat: Ein ausgezeichneter Vorschlag. Nun, das Thema wird meine Fraktion vorrangig diskutieren. Worauf es mir ankommt, das sind Kulturgespräche auf höchster Ebene, vor allem aber wird es unser Anliegen sein, dem Bürger ein aktuelles Goethebewußtsein nahezubringen, man muß viel mehr Goethe lesen, man muß seine Gedichte auswendig lernen...

Gastwirt: Bittschön da lassen S' mi aus...

Stadtrat: An Sie, werter Herr Professor, geht meine Bitte, eine Festschrift zu verfassen mit dem Titel: „Goethe von Weimar nach Weilheim."

Gastwirt: Und hint nei kimmt a Reklame für mein Gasthof: „Täglich frische Hinterhaxen Götz von Berlichingen."

Professor: Aber, aber, ich muß doch bitten...

Gastwirt: Dös is doch sowieso dös Oanzige, was ma kennt vom Goethe. Mir is er scho glei ganz wurscht, der Schreiberling, der antiquarische. Seids doch ehrlich, Leitln – wer liest denn heit no an Goethe? A paar spinnate Hansln. Do is mir a Buach vom Konsalik scho liaber.

Professor: Sie schmähen unser höchstes geistiges Kulturgut – was wäre der Mensch ohne Goethe?!

Gastwirt: I brauch ihn net – aber was anders brauchat i jetz, wo mirs Maul vom Reden ganz pappert is. Was moants, wann i Euch jetz einladen tät zu einer Brotzeit frei nach Goethe: Haxen Berlichingen und a Maß Goetheweizen?

Moderator: (springt auf): Die Sitzung ist geschlossen...

Frühlingsfahrt

1. Mein Rad rollt durch den fri - schen Mai, an bun - ter Blu - men Pracht vor - bei, den Fluß ent - lang durch Wald und Feld. Wie wun - der - schön ist doch die Welt.

2.
Die Frösche quaken in dem Teich,
im Wald gurrt eine Taube weich.
Die Lerche steigt –
sie jauchzt und singt.
Der junge Frühlingstag erklingt.

3.
Das Herz, von Sorg und Müh befreit,
wird froh und so unendlich weit.
Frei ist der Sinn –
ich pfeif ein Lied
und freu mich, wie es grünt und blüht.

4.
Saus zu, mein Radl, freu dich mit,
ich treib dich an mit festem Tritt.
Hei! Wie der Wind –
so schnell und leicht!
Das Ziel, es bleibe unerreicht.

5. Was gilt, das ist allein die Fahrt,
die herrlich schöne Gegenwart.
Von Ort zu Ort –
ganz ohne Ziel.
Das Fahren sei uns heitres Spiel!

Manfred Karlinger
ist in Garmisch geboren und im Zugspitzdorf Grainau aufgewachsen. Heute ist er Leiter der Sondervolksschule Altenstadt. Er widmete sich viele Jahre der Volksmusik und dem Brauchtum, dabei gründete er den „Bernbeurer Dreigesang". Seit anderthalb Jahrzehnten ist er freier Mitarbeiter an zwei Tageszeitungen, schreibt Kurzgeschichten und Anekdoten als heiter-gelassener Betrachter seiner Umwelt. In jüngster Zeit tritt er auch mit meditativen Betrachtungen hervor, von denen der „Burgrainer Kreuzweg" veröffentlicht wurde.

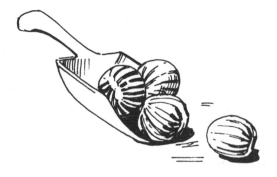

Die Eintrittskarte

Die erste bedeutende Berechtigung
konnte Georg
ohne Schwierigkeiten erwerben.

„Woaßt, iatz bin i volljährig!
Der Führerschein
is dEintrittskartn fürs wahre Lebn!"

Schon der kürzeste Gedanke
an den Zündschlüssel
für seine schwere Zweirad-Maschine
ließ Georg immer länger auskuppeln.

„Woaßt, vielleicht fliag i
amoi glei in Himmi nei!?"

Im Marmeladenglas am Wegkreuz
stecken im Winter Tannenzweige,
im Sommer noch frische Feldblumen.

Der Lindenbaum

Über ein Jahrzehnt grüßt Du mich am Morgen
auf dem Weg zur Arbeit, grüßt Du mich am
Abend mit Deinem Flüsterlaub.

Und selbst zur Winterszeit denkst Du an mich.
Zeigst Du Dich mir im Glitzerreif, auch
schneebeladen ausgezeichnet!

Mag ich gedankenverloren nicht täglich Dich
beachten; ich danke Dir die Treue, die Freude,
die Du jahreszeitlich schenkst.

Wenn überheblich, rasch im Auto, Dein Leben
ich passier; ich weiß, Du atmest schwer in
meinem Sog der Unbekümmertheit.

Das Gelingen Deiner Freude, mein geliebter
Lindenbaum, will ich ans Herz mir legen;
ist's Hilfe Dir und mir mit allen Freunden.

Der Löwenzahn

Ein Löwenzahn
im Englischen Parkrasen
ist zum Tode verurteilt,
ehe er blühen kann.

Ein Löwenzahn
auf meiner Wiese
blüht wie die Freude –
nie alleine.

Ein Löwenzahn
in deinem Garten
fragt freundllich an:
Englischer Rasen oder Wiese?

Verse in der japanischen Haiku-Form

(Die siebzehn-silbigen Prosa-Gedichte – erste Zeile fünf, zweite sieben, dritte wieder fünf – sollen ein Ereignis oder Anliegen erkennen lassen.)

Vier Jahreszeiten

Amseln jubeln laut
Birkenknospen brechen grün,
Feldgräser spitzeln.

Spatzengezwitscher,
die Sonne ruft dir den Tag,
Schneeglöckchen spitzeln.

Erster Mai im Schnee:
Sommer reich an Klee und Korn,
kühler Herbst mit Zorn.

In oanm Bluamatrog
blüahn zwoa Margariten und
drei Geranien.

Radln tua i gern
in der warma Morgnsonn;
glei bin i bei dir.

Am Morgn sticht di dSonn.
Auf dNacht schlagt der Blitz ins Haus.
Du, des deut dir was!

sTagliacht moants dir guat.
A Sonnabluama lacht di oo.
sErste Bladl gilbt.

An Sechsundneunzger
feiert der Schwiegervater.
Er moant: „Spätherbst is!"

dNebel reißn schwer.
dErdäpfefeuer brenna.
dHüatabuam gfrein se.

sGlatteis scheich i vui.
Liaber rutsch i mitn Schlien
in an Schneehaufn.

dKinder warten scho.
Der Bischof Nikolaus kimmt,
und koa Weihnachtsmo.

Hoffentli hamma
in der Näh wieder a Arbat,
sonst werds koit nächsts Jahr.

Mi gfreit aa der Regn.
Zigarettn brauch i koa.
I schwimm wia a Fisch.

De oane Rosn
vo meinm Gartn hat Dorna,
wia mei Liab diamoi.

A Henna legt Oa.
A Gockl is nia alloa.
Mir san a bald drei.

Der Führerschein-Neuling

„Hätt man doch no it alloa in dMusikschui fahrn lassen soin?"

„Aber oamoi muaß er doch aa alloa fahrn kenna!"

„Ja, des scho; aber vorgestern hat er erst dFührerscheinprüfung gmacht!"

„Er werd scho it glei an Unfoi baun?!"

„Du soiber hast zMittag no gsagt, sBergoofahrn, des konn er no gar it. Und iatz hat der junge Herr scho in dStadt nauffahrn miaßn! Hoffentlich hat er it ohoitn brauchn?"

„Geh, Schorsch, wenn ebbas passiert waar, hätt dPolizei scho lang ogleit! Moanst it aa?"

„Um hoibe fünfe woit er wieder dahoam sei! Und iatz ham ma scho viertl nach fünfe!"

„Er werd hoit in Berufsverkehr neikemma sei."

„I woaß it recht. Mia schmeckt heit dBrotzeit gar it so wia sonst."

„Du, sTelefon leit! Gehst du hi, Schorsch?"

„Na, na, geh nur du! Iatz hast as!"

„Griaß di, Resi! – Ja, vorgestern hat ern bstandn. – Dank schee! Da werd er se gfrein. Er is vor a zwoa Stund in dStadt naufgfahrn. – Na, warum? – Moanst du? – Aa, geh weita! – Du, i muaß aufheern, dHaustürglockn leit! – Is guat! Pfiad Di!"

„Ja, um Gottswuin! dSchwester Rosi! Schorsch! Schorsch, geh her! Da Hannes is im Krankenhaus!"

„Hab i das it oiwei gsagt: Des geht it guat! Du, mit deim ewigen Nachgebn! Iatz ham mas."

„Aber lassen Sie mich doch, bitte, endlich zu Wort kommen! Sie können stolz auf ihren Johannes sein. Er kommt etwas später. Er hat eine ältere Dame, die sich beim Überqueren der Straße am Arm verletzte, freundlicherweise gleich ins Krankenhaus gefahren."

Ein Sommer-Sonnentag

Am vergangenen Sonntagnachmittag besuchte ich wieder einmal unsere Bergwiese, droben auf dem Oberfeld. Gerade jetzt im Hochsommer lohnt sich die Mühe des Aufstiegs.

Mitten in der herrlichen Blumenpracht ruhe ich mich aus. Die Blüten der bläulichen Teufelskralle, der silbrigen Schafgarbe oder die des gelben Lappenläusekrauts grüßen im leichten Ostwind zu mir herüber. Dankbar blicke ich über die bunte, kleine Wunderwelt und übersehe dabei nicht das freudige Erzittern des hohen Bunthafers, des violetten Schwingels, des zweizeiligen Kopfgrases und vieler anderer Gräser.

Die wohlige Wärme, das gleichmäßig rhythmische Summen der Bienen und Hummeln sowie das helle Zirpen einiger Grillen lassen mich ganz ruhig werden. Die volle Würze in der Luft tut ihr übriges. Meine Gedanken haben sich selbständig gemacht.

Von meinem sanft dahingleitenden Wolkensegelschiff aus genieße ich den freien Blick über unser märchenhaftes Voralpenland. Sogar die ortsnahen Industriegebiete fügen sich in die sich abwechselnden Parklandschaften des Pfaffenwinkels unaufdringlich ein. Nirgendwo ziehen stickige Rauchschwaden aus überhohen Fabrikschloten ab. Die Forstgebiete und Mischwälder zeigen ihr frisches, eigenes Grün. Kristallklar münden alle Gewässer in die grundfarbenen Wasserläufe des Lechs und der Ammer.

Ich freue mich.

Plötzlich ziehen grünspangraue Wolkenbänke auf, verdunkeln mehr und mehr die Sonne. Ich beginne zu frieren. Grelle Blitze zucken dazwischen. Gewaltige Donnerpaukenschläge lassen die Bergwiese mehrmals erbeben.

Ich reibe die Augen. Wie durch eine Milchglasscheibe nehme ich auf der Kniespitze meines leicht angezogenen rechten Beines die Umrisse eines Schmetterlings war. Da – mit wachen Augen – erkenne ich in dem wunderbaren Geschöpf einen in unserer Gegend nur noch selten zu beobachtenden Roten Apollofalter. Minutenlang hält er seine prachtvollen Flügel für mich ausgebreitet.

Ich bin glücklich.

Das noch immer dumpf grollende Gewitter ist schadlos über die Ammer nach Osten weitergewandert. Die kräftige Abendsonne begleitet mich nach Hause. Meine liebe Bergwiese, am nächsten Wochenende besuche ich dich wieder.

Kurzbesuch

Der Herr Oberschulrat aus Weilheim kommt zu einem Kurzbesuch in die erste Klasse von Bernbeuren am Auerberg. Die Buben und Mädchen stehen auf und grüßen recht freundlich. Jetzt hat der Herr Oberschulrat das Wort: „Sicher habt ihr schon einmal von der Stadt Weilheim etwas gehört? Mit dem Auto fährt man über Schongau und Peißenberg nach Weilheim, in die Kreisstadt. Dort ist das Schulamt."
Da meldet sich die immer sehr aufgeweckte, recht zierliche Resi vom Ortsteil Haffegg – ihre Eltern betreiben eine Landwirtschaft mit einer großen Viehzucht –, und sie meint: „Wennt dr in Weilheim sind, kennat dr do it mein Babba?"
Der Herr Oberschulrat fragt die Lehrerin: „Kenne ich ihren Vater?"
Kopfschütteln.
„Ja, wie heißt denn dein Vater?"
„Viktorin Socher, Haffegg 1."
„Socher, Socher?" Wieder wendet sich der hohe Besuch ratsuchend an die Lehrerin, die aber auch diesmal nichts zur Lösung beizutragen weiß.
„Was tut denn dein Vater in Weilheim?" bohrt der Herr Oberschulrat jetzt etwas energischer weiter:
„Ja, Viech handla!"

Meine Tante Lotte

Grüß dich Georg! Komm herein! Ich danke dir auch, daß du gleich gekommen bist. Ich möchte dir etwas nicht Alltägliches anvertrauen.
Bitte, setz dich an den Kaffeetisch! Da redet es sich leichter.
Georg, du kennst meinen Eigensinn, wenn ich etwas mit großer Leidenschaft anpacke. Mein Gott, es ist mir doch ein bißchen peinlich. Weißt du, heute auf den Tag vor zehn Jahren begann ein neues Kapitel in meinem Leben.
Vier Wochen nach meiner leider unabweisbaren Pensionierung war ich spätabends mit meinem Auto unterwegs gewesen. Die breite Bahnhofstraße gehörte mir alleine. Langsam bog ich in die Ludwigstraße ein. Du kennst die Ecke.
Da, im Licht der Autoscheinwerfer, kam es mir vor, als hätte aus dem dort abgestellten Sperrmüllhaufen ein dunkler Arm ein Zeichen gegeben.
Mein Herz schlug schneller. Ich hielt an.
Im Handschuhfach greife ich nach der Taschenlampe. Ich wage mich nur einige Schritte von meinem Auto weg. Der dunkle Arm erscheint jetzt unbeweglich und steif. Ich schaue mich nach allen Seiten um und horche in die Nachtstille der angrenzenden Straßen. Keine Stimmen, keine Schrittlaute. Ich zittere am ganzen Leib.
Endlich erkenne ich im blassen Schein der Straßenbeleuchtung in dem vermuteten Menschenarm die Umrisse eines sehr verschmutzten Leuchters. Ich atme auf. Bald halte ich das schwere Stück in beiden Händen. Hoffentlich hat mich niemand gesehen!
Aber du hast doch nichts Unrechtes getan, rede ich mir beruhigend zu.
Zu Hause finde ich schon beim ersten oberflächlichen Putzen des Kerzenleuchters die Bestätigung: Dieser verkannte Tischleuchter – schau ihn dir nur genauer an! – er ist aus reinem Silber gefertigt.
Meine Freude darüber war unbeschreiblich.
Georg, du kannst dir gar nicht vorstellen, welche großen und kleinen Schätze die Leute arglos auf die Straße stellen! Diese beiden Kaffeegedecke habe ich vor sieben Jahren aus einem Pappkarton geborgen. Nymphenburger Porzellan, 1848!

Und über den schlichten Zinnteller – dort neben der Kommode – freue ich mich ganz besonders. Ich habe ihn erst vor wenigen Wochen – gleichsam als Auszeichnung für meine zehnjährige Ruhestandstätigkeit – in der Nähe des städtischen Altersheims aus dem Sperrmüllabfall gezogen. Kannst du die Gravur lesen? „Für besondere Verdienste um unsere Stadt!"

Weißt du, im Laufe der Jahre entwickelte ich geradezu einen gewissen Spürsinn im Auffinden derartiger Kostbarkeiten. Und so sind die nächtlichen Sperrmüllstreifzüge zu einer Leidenschaft geworden, zugegebenermaßen für eine pensionierte Oberlehrerin etwas ausgefallen.

In einem Caféhaus

Unlängst bin ich in einem Caféhaus gewesen. Es gibt dort gute Kuchen, empfehlenswert gute Kuchen. Ich habe mir gleich ein Stück Käsekuchen angelacht. Und wie ich die aufmerksame Bedienung um eine Tasse, nur um eine Tasse Kaffee gebeten habe, hat sie mich recht freundlich angeschaut und halblaut gesagt: „Haben wir, bitte, nicht!"
„Aber, aber, mein Fräulein, ich befinde mich doch in einem Caféhaus? Außerdem duftet es doch so eindringlich nach Gold-Kaffee!"
„Verzeihung, mein Herr, Sie haben mich mißverstanden: Wir haben keine T a s s e Kaffee zu verkaufen."
„Ich will aber auch keine Kaffeetasse kaufen, sondern eine einzige Tasse mit frischem, heißem Kaffee!"
„Ja, und eben dieses gibt es bei uns nicht!"
„Jetzt machen Sie aber, bitte, einen Punkt! Die Damen und Herren hier trinken doch auch ihre Tasse Kaffee."
„Mein Herr, in unserem Hause können Sie selbstverständlich Kaffee trinken, soviel Sie wünschen, doch nur portionsweise!"
„Dann bringen Sie, bitte, ein schönes Stück Käsekuchen und eine, ja, eine Portion Tasse Kaffee!"
Da hat das charmante Fräulein zum ersten Mal einen roten Kopf bekommen und ist gegangen. Ich habe mich endlich auf den Kuchen und den heißen Kaffee freuen können. Doch nicht lange, denn plötzlich ist die Geschäftsführerin mit einem großen Stück Käsekuchen an meinem Tisch erschienen.
„Gnädiger Herr, wir bieten unseren verehrten Gästen Kaffee nur in Kännchen mit zwei Tassen an."
„Verzeihen Sie, mein Arzt gestattet mir nur eine Tasse Kaffee zum Frühstück und eine am Nachmittag. Wissen Sie, ich bin sehr sensibel!"
Da hat mir die stattliche, ansehnliche Dame tief in die Augen geblickt, und alle Caféhaus-Besucher haben zu uns herübergeschaut. Auch der frische Käsekuchen auf dem Teller hat mich immer heftiger bedrängt, so daß ich doch ein Kännchen Kaffee bestellt habe. Und das hat mir wieder das anmutige Fräulein gebracht.
Schnell habe ich eine Tasse Kaffee eingeschenkt und dann freundlich

zur Bedienung gesagt: „Verehrtes Fräulein, die zweite Tasse in diesem so zierlich geblümten Kännchen – frisch, heiß und ganz unberührt – überlasse ich Ihrem Hause zur freien Verfügung."

Da ist das hübsche Mädchen wieder rot geworden, was mir aber nicht recht gewesen ist; denn der Kaffee ist nach meinem Geschmack gewesen, ganz vorzüglich. So vorzüglich, daß ich noch kurz vor Mitternacht nicht habe einschlafen können.

Ich habe zu sinnieren und zu spekulieren angefangen, daß doch in solchen Caféhäusern täglich viele, viele Tassen mit bestem Kaffee zur freien Verfügung stehen, daß sie aber – alle schon bezahlt – vorzeitig in Abwasserkanälen verschwinden. Oder werden in solchen Caféhäusern alle unbeanspruchten Zweittassen noch einmal heiß aufgetischt? Ich habe das nicht glauben wollen. Aber, warum ist die reizende Bedienung gleich zweimal rot angelaufen? Darüber habe ich her- und hin- und hin- und hergegrübelt, bis ich endlich eingeschlafen bin.

Die Nacht habe ich erholsam durchgeschlafen.

Einige Wochen später aber habe ich im Traum... das geblümte Kaffeekännchen aus dem Caféhaus in einem Mikrowellenherd wiedererkannt.

Platz 669

Gott sei Dank habe ich heute wieder einmal eine Studentenkarte – sogar einen Platz im Parkett für das von mir so geliebte Mozart-Singspiel Entführung aus dem Serail – ergattern können.

Es läutet das erste Mal. Ich muß mich ein bißchen beeilen: Parkett links, 17. Reihe. Türe III. Ich bin da.

Schnell die Platznummer! 669 – ein Außensitzplatz, auch gut.

Da klingelt es zum zweiten Mal. Die immer gütlich lächelnden Saaldiener schließen wenig behutsam und etwas klappernd die doppelflügeligen Türen. Ich sitze gut und freue mich auf Osmin und Pedrillo, auf Konstanze und Belmonte und – nicht zu vergessen – auf das Blondchen.

Da, ein zierliches, blondes Geschöpf drückt sich eilends durch die Türe römisch III und geht beherzt auf mich zu: „Verzeihen Sie bitte, mein Herr, Sie sitzen auf meinem Platz!"

Ich erröte im Nu, erhebe mich sogleich von Platz 669 und blicke, wahrscheinlich recht ungläubig, auch etwas verwirrt, in das anmutige Gesicht der jungen Dame, während ich zugleich meine Theaterkarte aus dem Jackett fingere.

O Gott, steh' mir bei! Meine Platznummer in der Reihe 17 lautet auf 699. Ich habe sie in der Eile verkehrt herum gelesen: 669!

Die Theaterglocke erklingt zum dritten und letzten Mal. Und ich muß noch meinen richtigen Platz – ausgerechnet in der Mitte der Reihe 17 – erreichen.

Mit hochrotem, nickendem Kopf ziehe ich an den sich von ihren Plätzen erhebenden, festlich gekleideten Damen und Herren vorbei: „Verzeihung! Danke! Entschuldigung! Danke! Pardon! Danke!"

Endlich sitze ich auf meinem Platz 699.

Im Zuschauerraum erlöschen langsam die vielen Lichter. Die ersten, zarten Töne der Ouvertüre erklingen. Am liebsten möchte ich das herrliche Leitmotiv mitträllern. Doch dann halte ich mir mit beiden Händen die Augen zu: Das darf doch nicht wahr sein – sie sind aber auch wirklich leicht zu verwechseln, diese beiden, in einem zierlichen Rahmen fett eingedruckten Zahlen 669 und 699.

Übermächtig bauen sie sich vor mir auf, springen wie ausgelassene kleine Kinder in meinem Kopf hin und her. Jetzt höre ich eine helle, zutrauliche Stimme: „Hier ist 669! 699, sind Sie wieder okay?"
Da zwicke ich mich fest in mein linkes Ohrläppchen. Und während Belmonte fragend singt: „Hier, soll ich dich denn sehen?" freue ich mich über meine gute Laune. Ich bin glücklich.
Die blonde, zierliche junge Dame vom Platz Nr. 669 macht es mir leicht. Sie spricht mich in der Theaterpause an. Das freut mich. Bei einem Glas Sekt redet es sich unbekümmerter.
Ich stelle mich vor und erfahre, daß sie Franziska M. heißt. Und ich habe recht getippt: Sie studiert ebenfalls an der Münchner Uni. Sie kann herzlich und doch auch wieder verständnisvoll über den zerstreuten „Professor" von Nr. 699 lachen. Ja, wir halten unsere beiden Theaterkarten im Übermut nebeneinander: 669 und 699.
Schnell stelle ich meine Karte auf den Kopf: 669 und 669! Franziska M. strahlt übers ganze Gesicht und dreht ihre Karte ebenfalls wieder um, dabei sagt sie schmunzelnd: „Wenn ich meine Karte auch verkehrt herum gelesen hätte?"
„Dann hätten wir vielleicht gar nie miteinander reden können", füge ich rasch hinzu.
Franziska M. lächelt mir mehr spitzbübisch als schalkhaft zu. Mir wird plötzlich unangenehm heiß, doch nur für kurze Zeit.
Auf dem Weg zurück ins Parkett preise ich Franziska M. mit Erfolg den Platz Nr. 699 als den viel günstigeren an. Ich aber kann kaum mein Lächeln unterdrücken, als mich meine erste Sitznachbarin von Platz Nr. 669 wiedererkannt hat.
Der dritte Akt hat begonnen. Und bei der bekannten Arie des Belmonte „Ich baue ganz auf deine Stärke" weiß ich es genau: Morgen muß ich Franziska wiedersehen!
„O, wie will ich triumphieren", singt gerade voll schadenfroher Tücke der Aufseher des großen Bassa Selim, der wieder gut gelaunte Osmin, da er die Entführung im letzten Augenblick noch vereiteln kann. „Schnüret zu, schnüret zu, schnüret zu!"
Nein, ich will niemand fesseln, doch mit Franziska will ich gerne wieder zusammentreffen. Nach der Vorstellung haben wir für den nächsten Tag in der Uni-Mensa das erste Stelldichein vereinbart.

Heute kann jeder Besucher in der guten Stube unseres Hauses die beiden Studentenkarten von damals – einträchtig hinter Glas gerahmt – einsehen.

Der vierte Nachbar

Mein Schwiegervater, 96 Jahre alt, immer guter Laune, obgleich er fast erblindet ist, freute sich im vergangenen Herbst ganz besonders: „Gott sei Dank, habn ma wieder an vierten Nachbar!"
Für unseren Opa hat alles um ihn herum seine Ordnung. Doch genau eingehaltene Tischzeiten sind ihm beispielsweise nicht so wichtig wie eine möglichst geregelte nächste Zukunft.
Und seine immer mögliche unmittelbare Zukunft Tag um Tag und Nacht um Nacht kann leicht der Tod sein.
Dann müssen die vier nächsten Nachbarn – so ist's bei uns der Brauch – für den Verstorbenen das Grab schaufeln und bei der Beerdigung den Sarg tragen.
„Woaßt, wenn i amoi eingrabn werd, mechat i halt gern gwandte und sauber gwachsne Mannsbilder!"
Tatsächlich, der Sepp, der Willi, der Toni und auch der neue Nachbar, alle sind sie gesunde Dreißiger und Mittdreißiger, im besten Mannesalter.
Unseren Opa freute das Leben zusehends mehr. Beim Mittagessen erzählte er die neuesten Schwänke, die er übers Kopfhörer-Radiogerät aufgenommen hatte.
Es war auffallend, er, der 96jährige, war mehr ein Gebender als ein Nehmender. Wir alle in unserer großen Familie lebten in seiner frohen Zuversicht bis zu der Stunde, da wir ihm mitteilen mußten: „Unser neuer vierter Nachbar ist durch einen Verkehrsunfall zu Tode gekommen!"
„In Gotts Nama", meinte gefaßt unser Opa, „der Herrgott werds scho wissen. Aber hätt er it liaber mi holn lassn kenna? Iatz, da ois so guat hergricht gwesn waar?!"

Die Notlüge

Meine Schwester Maria hatte im Vorschulalter bis in die 1. Klasse hinein eine „Sucht", natürlich nichts mit Alkohol, Nikotin oder Tabletten. Ich glaube, es war auch nichts echt Krankhaftes, wenngleich unser Zahnarzt, der Onkel Xaver, bei jeder Gelegenheit bedenklich den rechten Zeigefinger hob. Doch weder er noch meine Eltern oder irgendjemand aus unserem Bekanntenkreis wußten der Leidenschaft meiner kleinen Schwester etwas Hoffnungsvolles entgegenzusetzen.
Maria war einfach glücklich, wenn sie ihren „Diddi", den heißgeliebten Schnuller, immer zur Stelle hatte. Und es waren für meine Schwester und die ganze Familie schlimme Minuten oder Stunden zu überstehen, wenn der Diddi unauffindbar war. Maria war dann grantig, gereizt, für nichts mehr zu gewinnen. Sie wollte an solchen Tagen auch nicht in den Kindergarten gehen, und am Abend konnte sie nicht einschlafen.
Natürlich nuggelte sie nicht den ganzen Tag und niemals in der Öffentlichkeit.
Wenn meine Schwester den geliebten Diddi in ihrer Schürzentasche wußte, um, wo immer es gerade paßte, beispielsweise im Kinderzimmer oder im Bad, rasch ein paar Augenblicke ihrer „Sucht" zu frönen, war sie ausgeglichen und mit sich und ihrer Welt zufrieden.
Mit fünf Jahren verlor Maria beim Schlittenfahren ihren Diddi. Heulend kam sie nach Hause. Ich erledigte gerade meine Schularbeiten. Meine Mutter, die von ihrer Bügelarbeit nicht allzulange abgehalten werden wollte, sagte in verständnisvoller Ruhe zu Maria: „Schau, ich gebe dir zwei Mark. Jetzt gehst zum Herrn Apotheker hinüber und kaufst dir einen neuen Diddi. Den alten finden wir bei dem vielen Schnee bestimmt nicht mehr."
Meine Schwester war damit nicht ganz einverstanden. Sie blickte mich, ihren großen Bruder, hilfesuchend an. In dem Augenblick tat mir Maria wirklich leid. „Gut", sagte ich, „ich gehe mit dir in die Apotheke, aber d u kaufst den Diddi!"
Auf dem Weg wollte sie mich ein paarmal umstimmen, ich solle ihr den Schnuller alleine besorgen. Mit aller Überredungskunst brachte

ich es schließlich fertig, daß ich mit ihr zusammen das Geschäft betrat.
Der Apotheker, der unsere Familie recht gut kannte, bediente uns
selbst. „Was bekommen die jungen Herrschaften?"
Ich blickte meine Schwester aufmunternd an.
„Na, Maria, was hast denn heute auf dem Herzen?" fragte wohlwol-
lend der Herr Apotheker in die kurze Stille hinein.
„Einen... einen Diddi", drückte meine Schwester endlich heraus.
„Ja, brauchst denn du überhaupt noch einen?"
Maria wurde krebsrot. Plötzlich fiel ihr die rettende Lösung ein: „Na,
i nimmer! Aber mir habn ein kleines Schwesterl kriagt!"

Der evangelische Hund

Manchmal kamen Sommerfrischler mit einem Hund in unsere Pen-
sion. Meistens waren es kleinere Hunde, Langhaardackel oder Pudel.
Und meine Mutter legte großen Wert darauf, daß sie ja nicht bellten,
wenn sie schon in einem Fremdenheim logieren durften.
Eines Tages reisten Herr und Frau Langbein aus Köln mit einer gefäl-
ligen, schwarzen Pudeldame an. Lollo, so hieß sie, war sehr artig und
bellte nicht ein Mal. Meine fünfjährige Schwester Maria verstand sich
besonders gut mit unserem Pensionstier.
An einem Freitag beobachtete Maria, wie Lollo bei der Abendmahl-
zeit auf unserer Terrasse von Frau Langbein ein Stückchen Wurst zum
Fressen bekam.
Maria machte große Augen und meinte dann, zu meiner Mutter ge-
wandt: „Mutti, die Lollo frißt ja am Freitag eine Wurst; der Hund ist
bestimmt evangelisch!"

Philipp „Peng"
oder
Die verkürzte Herbergssuche

In einer oberbayerischen Schule für geistig Behinderte wurde in der Adventszeit für die Weihnachtsfeier ein Theaterspiel vorbereitet. Die 13- bis 15jährigen Mädchen und Buben der drei Oberstufenklassen hatten die Szene der Herbergsuche, der Geburt im Stall und die Aufwartung der Heiligen drei Könige einzuüben.

Die Rollen von Maria und Josef wollten alle übernehmen, auch die der drei Weisen aus dem Morgenland. Doch die Lehrerinnen wußten am besten, die geeignete Rolle nach den Stärken eines jeden Kindes zu verteilen.

„Philipp", sagte seine Lehrerin, „du bist groß und stark. Du spielst den ersten Gastwirt, der Maria und Josef nicht in sein Haus hereinläßt."

Philipp war ein hochgewachsenes und kräftiges, leicht mongoloides Bürschlein. Er konnte sich mühelos in das Leben eines bösen Gastwirtes hineindenken. Gleich bei seinem ersten Probenauftritt riß er nach dem zaghaften Klopfen des heiligen Josefs die Klassenzimmertüre weit auf und brüllte heraus: „Koa Platz da, sag i! Koa Platz! De Tür is glei wieder zua! Peng sag i!"

Und mit einem lauten Knall flog die Zimmertüre ins Schloß. Peng!

Nach der dritten ähnlich verlaufenen Probe hieß der erste Herbergsvater zuerst bei den Theaterspielern und bald bei allen Schülern nur mehr Philipp „Peng". Er freute sich über seinen neuen „Familien"-Namen.

Philipp „Peng" bekam kurz vor der Aufführung das Gewand eines biblischen Gastwirts; das war aus gewöhnlichem Sackleinen zusammengeschneidert und wie das schönste Himmelblau eingefärbt.

Ja, und dann kam der lang herbeigesehnte Weihnachtsfeierabend. Die große Schulaula war voll, bis auf den letzten Platz besetzt mit Schülern, Eltern und Erziehern. Auch der Herr Pfarrer und der Erste Bürgermeister mit Gattin saßen bei den Ehrengästen in der ersten Reihe.

Es ertönte ein helles Glöckchen als Klingelzeichen. Das Spiel begann.

90

Philipp war einer der ersten, die an die Reihe kamen. Maria und Josef zogen mit langsamen Schritten über die Bühne, auf deren Kulissen das alte Bethlehem von geschickten Kinderpinseln aufgemalt worden war. In eine der dünnen Preßplattenkulissenwände war eine Tür eingebaut, die man öffnen und schließen konnte. Hinter dieser Tür wartete Philipp „Peng", ein wenig erregt, als erster von drei Herbergswirten auf seinen Auftritt.

Schon klopfte es dreimal an die Tür. Der heilige Josef bat nachdrücklich um Aufnahme: „Um Gottswilln, geh, mach doch auf! Mei Frau kriagt bald a Kind, a ganz a kloans Butzerl. Um Gottswilln, laß uns doch glei nei, grad zu dir!"

Die Stimme klang so flehend, daß sie einen Stein hätte erweichen müssen. Vermutlich war es der Klang in der Darbietung des heiligen Josef, der Philipp gänzlich verwirrte. Für ihn war dieses Spiel plötzlich Wirklichkeit. Er stand in der Mitte eines wunderbaren Geschehens.

Philipp riß die Türe wie immer auf, streckte beim Heraustreten beide Hände aus und rief: „Kommts halt rei! Gehts glei rei zu mir!" Dabei strahlte er über das ganze Gesicht.

Philipp hatte alle Scheu verloren. Er drückte der erstaunten heiligen Maria einen lauten Schmatz auf ihre rechte Wange. Danach geleitete er sie behutsam in seine Herberge. Der heilige Josef zögerte einen Augenblick, trat dann aber doch durch die Türe, die auch gleich geschlossen wurde.

Eine große Stille verbreitete sich im weiten Zuhörerraum, ähnlich der heilsamen Stille nach einer anschaulichen Bildbetrachtung.

Erst eine Weile später erschien auf der Bühne eine Lehrerin mit Philipp an der Hand, wartete, als fände sie nicht gleich das richtige Wort für diese stark verkürzte Szene der Herbergssuche ohne die üblicherweise grob abweisenden Gastwirte.

Alle Augen der gut 200 Zuschauer richteten sich auf den über sich hinausgewachsenen Herbergsvater.

„Philipp", begann liebevoll die Lehrerin, „bevor wir jetzt weiterspielen, danken wir dir alle recht herzlich. Du hast uns mit deinem einfachen und doch so großartigen Spiel die Tür zur Heiligen Nacht aufgetan. Du hast die Weihnachtskerzen in unseren Herzen angezündet."

Ja, in Philipps Herzen brannte das Weihnachtslicht lichterloh.

Eine himmlische Hilf

Im erzbischöflichen Knabenseminar haben wir Buben von der untersten Gymnasialklasse eines Abends das hochheilige Silentium gebrochen.

Grad lustig ist die Kopfkissenschlacht gewesen.

Ich bin aber als einziger wurfbereit im Bett gestanden, als der Herr Präfekt wutschnaubend in unserem Schlafsaal aufgetaucht ist. „Ja, da schau her! Geh no glei mit, du Bürscherl!"

Natürlich habe ich nichts Gutes erwarten können. Die Ohrfeigen unseres Herrn Präfekten haben es schon immer in sich gehabt. Und kaum ist die Tür des Präfektenzimmers hinter uns zugeschlagen, da hat der zornig schreiende Hochwürden schon seinen rechten Arm erhoben und mit voller Wucht ausgezogen.

Warum ich mich gerade noch rechtzeitig zur Seite geduckt habe, kann ich auch heute noch nicht erklären. Es ist alles so schnell gegangen. – Das Wasser im zinnenen Weihwasserkessel mit der Taube als Zeichen des Heiligen Gottesgeistes, gleich neben der Türe, ist hoch aufgespritzt, und die geweihte Priesterhand hat fest zu bluten angefangen.

Dem hochwürdigen Herrn Präfekten muß es sehr weh getan haben, denn er hat sein strenges Gesicht arg verzogen, wie er zu mir gesagt hat: „In Gotts Nama, nacha schaug, daß d weiterkimmst! Aber daß das fei woaßt, Silentium hama! Du Saukerl, du kloana!"

Dem Himmel ganz nah

Vor den Maiandachten spielten wir Ministranten öfter noch eine Viertelstunde Fußball. Und kurz vor dem Zusammenläuten liefen wir dann schnell in die Sakristei, damit der Herr Pfarrer uns nicht schimpfen konnte, wenn wir mit überhitzten, roten Köpfen ministrieren wollten. Rasch frischten wir uns deshalb am Ausguß noch etwas ab, ehe wir die Ministrantenröcke anzogen.

92

Freilich, die Oberministranten waren beim Abwaschen zuerst an der Reihe. Und weil wir Kleinen immer ein wenig warten mußten, hatte ich an einem Samstagabend einen besonderen Einfall.

Ich rannte an diesem Tag geradewegs zum großen kupfernen Weihwasserkessel und steckte meinen heißen Kopf in das geweihte, kühle Wasser. Es waren etwa zehn Liter.

Zuerst tat dies ganz gut. Doch schon nach wenigen Sekunden erschrak ich fürchterlich: Trotz aller Anstrengungen gelang es mir nicht, meinen Wuschelkopf zwischen Kesselrand und Kesselhenkel zurückzuziehen. Und weil ich auch nicht atmen konnte – schreien war in dieser Lage überhaupt nicht möglich –, wäre ich vielleicht im Stehen ertrunken, hätte nicht unser Herr Pfarrer im rechten Augenblick blitzschnell den Inhalt des ganzen Weihwasserkessels über mich ausgeschüttet.

Pudelnaß saß ich Siebenmalgescheiter auf einem Betschemel in der Sakristei. Alle meine Ministrantenkollegen in ihren roten Talaren starrten mich wie ein achtes Weltwunder an, als der Herr Pfarrer zu mir sagte: „Bua, iatz bist an Himmi scho ganz nah gwesn."

Nix Zwilling

In der 2. Klasse ist die Lehrerin an einer leidigen Frühjahrsgrippe erkrankt. Gerne übernehme ich den Musikunterricht.

Um die Mädchen und Buben schneller kennenzulernen, darf jedes Kind – es paßt ja auch zur Frühlingszeit – seinen Namen in der Kukkucksterz singen:

Han – si, Ga – bi, Mi – cha – el.

Es klappt ausgezeichnet.

Jetzt steht in der vierten Bank der Alfred auf und singt seinen Namen glockenrein, danach ebenso sein Nachbar, der Alexander.

„Die zwei müssen Brüder sein," geht es mir durch den Kopf. „Wie aus einem Holz geschnitzt!"

Ich schaue die beiden freundlich an und meine: „Seids ihr Zwilling?"

„Na, Jungfrau."

Der Nikolaus

Weil der heilige Bischof Nikolaus am 6. Dezember (343 n. Chr.) gestorben ist, feiern viele Leute alljährlich am Vorabend dieses Tages seine Idee des Kinder-Beschenkens.

Seit über fünfzehn Jahren spiele ich am 5. Dezember nach Eintritt der Dunkelheit für die Buben und Mädchen im Vorschulalter einen braven, schönen, heiligen Nikolaus, fast ausschließlich gekleidet in liturgische Gewänder.

Meistens sind es die Mütter, die mich zum Hausbesuch einladen. Ich bitte sie, daß sie mir gleichviel gute wie anzumahnende Vorkommnisse ihrer Kleinen auf eine Din-A-4-Seite – leicht lesbar – aufschreiben.

Das bedeutet für die Eltern etwas Mühe, weil sie sich besprechen und genau überlegen müssen, wann, wo und wie ihr Kind gut oder unangenehm aufgefallen ist.

Als heiliger Nikolaus bringt es mir den Vorteil, daß ich die Kinder gezielt und glaubwürdig ansprechen kann und daß die Mädchen und Buben meistens schon nach wenigen Worten mir offen erzählen, wie sie die Dinge sehen.

So habe ich im Laufe meiner Nikolaus-Jahre von sieben Buben und nur von zwei Mädchen teils schweren Herzens, öfter aber ganz selbstverständlich freiwillig ihren über alles geliebten Schnuller überreicht bekommen.

Auch im vergangenen Jahr ist dies zweimal der Fall gewesen. Beim schon fast sechsjährigen Thomas bin ich jedoch arg ins Schwitzen gekommen.

„I gib mein Diddi scho her," hat mir das aufgeweckte Bürschlein selbstbewußt ins Gesicht gesagt, „wenn der Pappa aa sRauchn aufhört". Er hat dabei noch begründend hinzugefügt: „Woaßt, Nikolaus, mei Diddi is a Sucht wia des Rauchn vo meim Pappa!"

Da bin ich baff dagestanden. Der Vater hat etwas giftig, aber nur ganz kurz die Mutter angeschaut. Die hat ihre Augen auf den Boden gerichtet.

Thomas hat in die Stille hinein gewartet, ja, er hat mich spitzbübisch von unten herauf fest angeblickt, als hätte er genau gewußt: Dieses Mal habe ich die größeren Trümpfe in der Hand.

Plötzlich ist mir der Schweiß aus allen Poren ausgebrochen. Heiliger Nikolaus, jetzt mußt du mir, bittschön, beistehen, habe ich im stillen gebetet. Es hat sofort geholfen.

Der Vater hat aus dem linken Westentascherl langsam eine angefangene Zigarettenschachtel herausgefingert und sie mir wortlos überreicht.

Aus Freude darüber habe ich mein goldenes Buch zur Seite gelegt und den Thomas auf den Arm genommen. Ich habe ihn dankbar an mich gedrückt. Er hat meine Erleichterung gespürt.

„Lieber Thomas" ist es aus mir herausgesprudelt, „wenn du einmal groß bist und auch Kinder hast mit einem Diddi, dann zeige ich ihnen den deinen und erzähle ihnen, daß es auch dir als Bub nicht leichtgefallen ist, deinen heißgeliebten Schnuller dem Nikolaus zu schenken."

Seine dunklen Augen sind groß geworden und haben aufgeleuchtet.

Thomas ist nicht mehr rückfällig geworden. Sein Vater raucht weiterhin, aber weniger als früher. Und er verläßt beim Rauchen die Wohnung.

Immerhin: Der Nikolaus ist nicht umsonst dagewesen.

Ein König ohne Reich

„Rote Haare, Sommersprossen sind des Hitlers Volksgenossen!" riefen mir, kurz nach Ende des Zweiten Weltkriegs, des öfteren Schulkameraden nach, wenn sie mich ärgern wollten.

Mich hat es auch jedesmal richtig in Wut gebracht, weil ich halt leider rote Haare und viele Sommersprossen hatte, ohne daran die geringste Schuld zu tragen. Doch ich ließ mich deswegen nie unterkriegen. Allein wenn nämlich einer der Schreier gewesen war, getraute er sich nie, so gemein zu sein.

Im Dezember 1945, am 2. Adventsonntag, war der große Tag für mich gekommen: In einem Hotelsaal wurde ich von USA-Soldaten zum

Sommersprossenkönig des Bezirks gewählt! Ungefähr ein Dutzend amerikanischer Offiziere, wie ich später erfuhr selbst Familienväter, hatten für deutsche Schulkinder eine Santa-Claus-Feier mit Preisverteilung und reicher Verköstigung ausgerichtet.
Jetzt war ich also mit meinen vielen großen und kleinen Roßmucken sogar zu einem König gewählt worden! Zwar hatte ich kein Reich, doch dafür bekam ich viele Geschenke.
Der amerikanische Santa Claus setzte mir zuerst eine goldene Pappkrone auf meinen roten Wuschelkopf, umarmte mich und überreichte mir feierlich einen grellfarbenen, rotgelben, etwas zu großen Pullover, neue rotbraune Lackhalbschuhe, Orangen, Bananen, Schokolade und 25 Päckchen Kaugummi, die mir von allem als das Wichtigste erschienen, denn amerikanische Kaugummis waren an unserer Schule damals gleichsam die gängige Währung.
Am nächsten Schulmorgen war ich ein überall gern gesehener Kamerad. Jeder wußte: Sommersprossen – möglichst viele – hätte man haben müssen, damals kurz vor Weihnachten 1945.

Minutenkripperl

Der Schieder Sigi ist ein Holzbildhauer; er lebt heute in Oberammergau. Als er noch in Rottenbuch seine Werkstatt hatte, war ich des öfteren bei ihm gewesen. Über die alpenländische Volksmusik waren wir uns nähergekommen.
Der Sigi – ein gstandenes Mannsbild, groß, kräftig und mit seinen 53 Jahren fast schon vollglatzig – stottert zum Herzzerbrechen arg, doch er steht über seinem Gebrechen: „W w woaßt, w w wenn i i i ssing, br br brauch i aa aa aa it st st stottern!" Dabei funkeln die kleinen Augen aus seinem breitrunden Gesicht.
Unvorstellbar, wie gerade er mit seinen pratzigen Händen wunderbare, feine Figuren ins Leben schnitzen kann, während dazu sehr oft sein geschulter Bariton ruhig schwingend erklingt.
Eines Tages im August war ich wieder einmal in Sigis Nähe und suchte

ihn auf. Zuerst meinte ich, er sei nicht zu Hause. Ich hörte kein Schlagen oder Singen, obgleich das Werkstattfenster weit offen stand. Da machte ich mich bemerkbar: „Ist da gar koana dahoam heit?"
„I i i b b bin scho da. D d derfst sch sch scho eina!"
Schon seit dem Morgenkaffee stellte der Schieder Sigi Minutenkripperl, wie er es nannte, her.
„Sch sch schaug au au auf d'Uhr! D d da J J Josef is glei f f fertig!"
Tatsächlich, nach 55 Sekunden legte er mir den heiligen Josef zum Begutachten in die rechte Hand, und nach weiteren knappen Minuten gesellten sich eine in Anbetung kniende Gottesmutter und das auf Stroh liegende Jesuskind dazu. Ich hielt kurz den Atem an: Alle Personen der heiligen Familie waren nicht größer als ein halbes Zündholz!
Jetzt verstand ich recht gut, weshalb der Sigi bei dieser nervigen Arbeit nicht auch noch singen konnte. Er mußte sich aufs äußerste konzentrieren. Und als mein Volksmusikkamerad mir die zierlichen Krippenfiguren mit den Worten: „D d de gh gh gheern iatz dir! D d du gl gl glaabst aa dro!" schenkte, fand ich minutenlang keine Worte und wußte nicht recht, ob ich mehr seine Kunstfertigkeit oder seine Einstellung bewundern sollte.
Sigi hatte wieder einen großen Auftrag für die USA angenommen: 500 Miniatur-Krippenfamilien!
Zwischen seinen sicheren, rasch gezielten Schnitzbewegungen gab er mir sinngemäß zu verstehen: „I hoff nur, daß de Ami, de meine Kripperl gern woin, wieder a bisserl mehra Hoffnung sehng in eahnaram Lebn, weil Gott do soiber Mensch worn is."

Des Christkinds Sonderfahrt

Es war wieder Weihnacht geworden im Dorf unter der Zugspitze. Man schrieb das Jahr 1951.
Der Herr Pfarrer saß am ersten Feiertag noch eine Stunde nach der Nachmittagsandacht im Gotteshaus hinten in der letzten Bank und

betete seine Tagesgebete, wie es einem geistlichen Herrn aufgetragen ist.

Es war schon ein wenig düster geworden, und draußen fielen lautlos die Schneeflockensterne vom Himmel herab.

Da polterte es mitten in die Stille hinein. Der Hochwürden setzte die Brille ab, denn das, was da vorne zum Haupteingang hereinkam, mußte man sich schon genauer anschauen. Ein kleiner Bub – vier oder fünf Jahre alt mochte er wohl sein –, eingemacht in dicke Wintersachen, rumpelte in die Kirche herein.

Jetzt hielt er an und ließ einen Roller von seinem schmalen Rücken herabgleiten. Ja, einen neuen Roller! Aber keinen so modernen aus Stahl und Eisen, nein, einen Roller, der aus gutem Holz gefertigt war.

Der Herr Pfarrer erkannte den Buben bald als den Martin vom Wurzerhof. Er war ja sein Nachbar.

Der kleine Lausbub rollerte eilig in den Chorraum, wo vor dem Hochaltar jedes Jahr in einer hölzernen Futterkrippe das Jesuskind lag, eine wertvolle Figur aus Wachs.

Martin schob sein Fahrzeug ganz nahe an das heilige Gotteskind heran, als wollte er es ihm zeigen.

„Liabs Christkind", drückte er heraus, „bist brav gwesen. Derfst mit meim Roller aa mitfahrn!"

Und schon hob das flinke Bürschlein das kostbare Wachsgebilde aus seinem harten Strohlager heraus. Der Herr Pfarrer befürchtete bereits das Schlimmste und wollte dem Kind etwas zurufen. Aber es blieb beim Wollen. Er brachte es nicht fertig, den kleinen Buben in seiner Andacht zu stören.

Der neue Roller war bereit. Martin packte das Gotteskind zwar etwas zu fest und ein bißchen arg grob an, dafür hatte er es für die Reise recht sicher im Griff.

Wie zur Beruhigung des Pfarrherrn meinte der Rollerfahrer: „Du brauchst dich fei net fürchtn." Und los ging es.

Dreimal kreiste Martin um die wenigen Kirchenbänke herum. Er hielt nie an, ließ sich aber Zeit, damit das Christkind recht lange eine Freude hatte.

Als er wieder vor der Krippe angekommen war, drückte er das heilige Gotteskind ganz fest an sich, wie er es wohl daheim mit seinem Schwesterlein schon öfters getan hatte. Den Roller ließ er einfach umfallen, und er hörte nicht einmal den schallenden Laut in der stillen Kirche. Martin bettete das Christkind umsichtig wieder in die Strohkrippe, zupfte noch ein wenig nach und schob seinen neuen Roller zum Hauptportal in den Winter hinaus. Sein Gesicht strahlte.

Kloaner Kern

Sonnabluama –
kloaner Kern!
Sonnabluama –
großer Stern!

Sonnabluama –
a Wunder des Herrn!
Sonnabluama –
Du, i mag di gern!

Segenswünsch

Sonnabluama –
kloaner Kern!
Sonnabluama –
großer Stern!

Sonnabluama –
a Wunder des Herrn!
Sonnabluama –
Du, i mag di gern!

Sage nicht

A Sonn und an Regn,
a Wärm und an Segn
zur rechtn Zeit!

A Ruah und a Plag,
a Freid und a Frag
zur rechtn Zeit!

An am jedn Ort
oiwei oa guads Wort
zur rechtn Zeit!

Sonntagmorgen über dem See

Sil - ber glänz- zen-des Mor -gen - licht spielt in den leicht sich

kräu-seln-den Wellen. Südwind bläst mir den Hauch ins Gesicht, im schwankenden Schilf schaukeln

bun - te Li - bel - len, der Brach-vo -gel tril - lert sein Lie - bes - lied.

Ein schlan-kes Mädchen dort bei den Er - len schrei-tet zum Wasser springt

jauchzend hin - ein und in den sprit - zen-den Sil - - ber per - len

glit-zernd im strah-len-den Son - nen-schein. Spürst du das Glück!

Sepp März

ist in Wielenbach geboren und wirkt heute als Bürgermeister dieser oberbayerischen Landgemeinde. Der elterliche Betrieb forderte von ihm eine Schreinerausbildung, die er mit der Meisterprüfung abschloß. Von Kindheit an war er den Musen zugetan: Er hat gemalt, geschnitzt und gezeichnet, spielte Theater, schuf Bühnenbilder und führte Regie bei der Aufführung von Operetten in dem einstmals als Theaterhochburg geltenden „Dorfstadel". Seit mehr als zwei Jahrzehnten betätigt sich Sepp März schriftstellerisch, erzählt besinnliche und heitere Dorfgeschichten oder widmet sich der Mundart.

Wildwest auf dem Bauernhof

„Ein Luftgewehr, Herrschaftseiten, dös wär was!" hat der Hansi gesagt, als wir Buben uns am Grünbachwehr getroffen haben. „Da müaßat so mancher Spatz dran glauben, dös glaubst!"

„Aba dös könna mia uns ja ned leisten", meinte der Mini, „dös kost mindastens fünfundzwanzig bis dreißig Mark."

„Im Stuckenbrockkatalog werds füa siebzehn Mark fufzge obotn", hat der Michi darauf berichtet.

„Wünsch dir halt oans auf Weihnachten, ös seids doch guat eigsamt", bemerkte der Hansi drauf. Sie waren gut situiert, dem Michi seine Eltern, und darum hat ihm das Christkindl tatsächlich ein Luftgewehr gebracht.

Bereits am zweiten Weihnachtsfeiertag hat er es uns voller Stolz gezeigt. Das Prachtstück hat unsere Bubenherzen höher schlagen lassen.

„Ui, laß probiern", hab ich zum Michi gesagt.

Der jedoch hat das Schießgewehr nicht aus der Hand gegeben, weil sein Vater ihm eingeschärft hatte: „Leihs ja net her!"

So haben wir drei Freunde den ganzen Winter bis in das Frühjahr hinaus vom Michi seinem Luftgewehr geträumt.

Im Sommer ist der Michi dann doch an einem Sonntagnachmittag auf Spatzenjagd gegangen.

Am Gartenzaun vom Hansi haben wir den stolzen Jäger getroffen.

„Geh, laß uns hoid aa schiaßn", haben wir gebettelt.

„Na, da Papp hat gsagt, i derfs ned herleichn", war seine Antwort, „ia machts mas bloß hi!"

Der Hansi hat da gleich einen Vorschlag parat gehabt: „Mia bietn fünf Alaska Jim und fünf Rolf Toring, wenn du uns schiaßn laßt."

Wir haben diese Heftl damals geradezu mit einem Heißhunger gelesen. Kein Wunder, daß auch der Michi weichgeworden ist. Der Tausch war schnell perfekt.

„Aba blos mit Hollabeerl und a jeda blos oamoi", war seine Meinung.

Aba da hat er den Hansi schlecht gekannt. Der war ein ganz wilder Hund und von einer unbändigen Abenteuerlust durchdrungen. Das Gewehr in seiner Hand hat ihn zum Old Shatterhand werden lassen.

So hat er sich auch verhalten, wie er zum Hauseck von seinem Hof vorgeschlichen ist. Der Mini und ich sind wie zwei Indianer hinterdrein. Der Michi ist am Gartenzaun gestanden und hat mit weinerlicher Stimme geschrien: „Ös Bazi, ös Schlawina, dös sag i mein Papa!"
Wir aber haben nicht hingehört, wir waren ja zutiefst im Wilden Westen. Ich hab nur noch gehört, wie die Fensterscheiben im oberen Stockwerk beim Ingoldbauern eine nach der anderen zu Bruch gegangen sind.

„Habts dös gseng, wia i dem Mischta o'Hiri sei Rentsch zammballert hob?" hat der Hansi noch geprahlt, aber da ist der alte Ingold schon die Straße herunter gekommen.

„Mia müssn fliehn!" hat der Hansi noch geschrien, hat den Stutzen weggeworfen, und wir sind auf und davon.

Da Michi ist inzwischen bei seinem Schießeisen gestanden und hat geflennt: „Mei Gwehr, mei Gwehr!"

Der Ingold hat das Corpus delicti aufgehoben und dem armen Sünder eine richtige Watschn heruntergezogen und gesagt: „Dös Glasen, dös zahlst!"

Der Hansi, der Mini und ich haben hinter der Stalltür hervorgelurt und schadenfreudig gegrinst. Der Michi war trotz aller Unschuldsbeteuerungen der einzige Tatverdächtige.

Neun Mark siebzig hat das Glasen gekostet, ich weiß es noch, weil es in unserer Werkstatt gemacht worden ist. Was für uns am wichtigsten war: dem Michi sein Vater hat es bezahlt.

Nur wenn wir dem Michi wieder einen Tausch Gewehr – Wildwestheftl vorgeschlagen haben, hat er immer gesagt: „Ös könnts mi, ös gscherte Hund, ös gscherte!"

Fasenacht

„Lustig ist die Fasenacht, wenn mei Muata Küchl backt, wenn sie aber keine backt, dann pfeif ich auf die Fasenacht!" Mit diesem Reim sind wir als Kinder durch das Dorf gezogen, als Kasperl oder Kaminkehrer, als wilde Indianer oder Trapper oder auch als altes Weiberl verkleidet.

Es hat mir immer besonders gestunken, daß meine Spezeln von Haus zu Haus gegangen sind und manches Fünferl oder Zehnerl ergattert haben. Mir war das von meinen Eltern strengstens verboten worden.

Schier vor Neid geplatzt bin ich immer dann, wenn der Toni oder der Hansi von meiner Mutter oder Großmutter auch noch einen Schokolad oder einen Waffelbruch bekommen und danach mit ihrem Geld großspurig beim anderen Kramer oder beim Bäck eingekauft haben.

Verflixt noch einmal, hab ich mir gedacht, da muß es doch eine Möglichkeit geben, auch an das große Geld heranzukommen. Da ist mir Knirps mit zehn bis elf Jahren ein ganz raffinierter Einfall gekommen. Wenn ich jetzt von meinen Spezeln eine Larve und ein Maschkerergewand zu leihen nehme, dann könnt ich vielleicht...

So hab ich es dann auch gemacht.

Beim Hansi haben wir uns angezogen. Er hat einen ganz schiachen Räuber gemacht; der Toni, der immer schon der Feinere von uns war, ist als Kaminkehrer gekommen.

Der Michi hat sich als Indianer herausgeputzt, und ich hab mich als altes Weiberl verkleidet und eine gräusliche Larve vor das Gesicht gebunden und den Kopf unter ein altes Kopftüchl vom Hansi seiner Oma versteckt.

„Bärig", haben meine Spezln gesagt, „da kennt di koa Sau!"

„Füa dös konnst ins dein Diri-Dari abtretn", meinte der Michi noch.

„Mach i", hab ich gesagt, „wenn i dafüa die Einkünfte vom Lebensmittelladl März kriag!"

„Abgmacht", haben die anderen gesagt, und wir haben, wie es beim Viehhandel der Brauch ist, einander in die rechte Hand geklatscht.

Man muß wissen, daß wir damals in unserem Geschäft einen Schokolad, ähnlich dem heutigen „Ritter Sport" gehabt haben. Er war unverpackt, die Würfel etwas kleiner als beim „Ritter Sport", das Stück zu einem Pfennig. Und Schokolade war mir damals, und ist mir heute noch, ein besonderer Genuß.

Also sind wir durch das Dorf gezogen und haben unser Sprüchlein geschmettert. Je näher wir dem Märzschen Geschäft gekommen sind, um so mehr ist mir das Herz in die Hose gerutscht.

„Wos is nacha, wenn mi mei Muatta kennt?" hab ich ängstlich gefragt?"

„Dann haltst einfach dei Mäu und sagst nix", hat der Michi gemeint.

„Wenns aber fragt, wer i bin, was nacha?"

„Dann sag i, du bist a Vawandte vo mia, a Basla vo Dings, vo Marnbach", hat mich der Toni beschwichtigt, „und dö Larvn werdns da ned glei abareißn."

Als wir vor der Ladentür gestanden sind, hätt ich am liebsten wieder umkehren wollen.

„Kimm, Feigling", hat der Hansi gesagt und hat mir einen Schubser gegeben. Und weil ich an den Schokolad gedacht hab, hab ich halt auch in „lustig ist die Fasenacht" eingestimmt, dieweil ich fast in die Hose gemacht hab.

Als aber meine Großmutter in den Laden gekommen ist, war die Sache schon ausgestanden. Erstens war sie eine Seele von Mensch und zweitens sehr freigiebig, wie Großmütter halt sind.

„So, wem ghörts ihr nacha?" hat sie gefragt.

Der Michi hat gleich das Heft in die Hand genommen und gesagt: „I bin da Wirtsmichal, dös is da Hansi vom Nachbar, dös is da Toni vom Riaga und dös Weibla is an Toni sei Basla vo Dings da, vo Dings."

Meine Großmutter war zufrieden und, o herrliches Glücksgefühl, sie langte auf den Würfelschokolad hin und drückte jedem von uns fünf Würferl in die Hand.

Ich hab das Verserl fast nicht mehr sagen können, als wir zur Tür hinaus sind, so ist mir das Wasser im Mund zusammengelaufen.

In der Wagenremise vom Hansi haben wir dann abgerechnet. Das Geld war mir wurscht. Aber es hat mich besonders gefreut, daß ich im eigenen Laden gebettelt hab, ohne daß es bemerkt worden ist.

Andechser Burschenbeichte

Sie werden den Irlinger Kurbi nicht kennt haben. Mei, das war vielleicht ein Bazi, ein durchtriebener, ein ganz verreckter Hund! Und zudem war er ein fescher Bursch, hat Ziehharmonika gespielt und gejodelt wie der Teufi! Die Madl sind auf den Kurbi geflogen, und das hat er ausgenützt, wo es nur gegangen ist.

Er hat es mit der Treue nicht genau genommen bei den Weiberleuten, aber keine ist dem Loder deshalb so recht bös gewesen. Er hat seine Sach halt immer recht gemacht.

Weil der Kurbi im Innersten von seinem bayerischen Wesen aber doch ein guter Katholik war, darum ist er einmal im Jahr auch zum Beichten gegangen.

Wegen seinem lockeren Lebenswandel wahrscheinlich und weil er doch ein wenig Schiß gehabt hat, darum ist der Kurbi zum Zweck dieser heiligen Handlung immer nach Andechs gefahren. So hat er sich an einem schönen Sonntag früh mit dem Sepp und dem Lenz auf das Radl geschwungen und den Weg zum heiligen Berg eingeschlagen.

Es war an dem Tag fürchterlich dämpfig und heiß, als das Trio über Pähl und Fischen seine Vehikel die letzten Steigungen zum Klostergarten hinaufgeschoben hat.

„Dös halt ja koa Sau ned aus", bemerkte der Sepp und wischte sich mit dem Handrücken den Schweiß von der Stirn.

„Da kaaf ma ins no zerscht a Maß", hat der Lenz gemeint, „da falln ins ja koane Sündn ei, vo lauter Durscht."

Der Kurbi hat nur zustimmend sein schönes, aber von der Hitze gezeichnetes Haupt verneigt und gesagt: „A Maß, a Maß wär jetzt dös Höchste!"

Sie haben ihre Stahlrosse an den Klostergartenzaun gelehnt und sind hinaufgeschritten zur Schwemm. Der Sepp hat gleich drei Maß geholt und gesagt: „Gurgl tua di auf, jetzt kimmt a Woikenbruch!"

Es hat geschmeckt, und im Nu waren die Krüge leer. Der Lenz hat gleich nochmal drei Maß einschenken lassen von dem göttlichen Trank.

Kein Wunder, daß er ihnen ins Blut gegangen ist, so schnell, daß sie es gar nicht gemerkt haben. Es ist den drei Freunden auf einmal so leicht geworden. Sie haben den Druck der Sünden im Augenblick nicht mehr gespürt. Ein anderer Druck hat sich unweigerlich eingestellt.

Sie haben einander angeschaut, und der Kurbi hat mit schwerer Zunge gefragt: „Du Sepp sag, wega was san mia eigentli nach Andechs gfahrn?"

„I – i glaub, w-w-wegan Beichtn", hat der gemeint, und das „w" ist ihm gar nicht mehr so recht über die Lippen gekommen.

Der Lenz hat nur mit glasigen Augen geradeaus geschaut und gelallt: „Mi leckst am Arsch, dös werd was werdn!"

Weil sie aber alle drei gestandene bayerische und katholische Jungmänner waren, sind sie dann doch zur Kirche hinaufgewankt. Ob sie dabei gleich ihre Gewissenserforschung gemacht haben? Sie sind nämlich alle paar Meter stehengeblieben und haben einen reumütigen Blick zum Himmel getan.

Endlich waren sie in der Kirche und haben sich einreihen können in eine der Schlangen, die vor den Beichtstühlen gestanden sind. Solange sie das Ende dieser Schlange abgegeben haben, hat keiner gemerkt, daß deren Schwanz hin und her gewackelt ist, wie bei einem echten Reptil. Es war aber unausbleiblich, daß der Beichtstuhl und damit die Sekunde der Wahrheit immer näher gekommen ist. Rund um die drei hat man schon die Nasen hinaufgezogen und entsetzt die Köpfe geschüttelt.

Der Kurbi hat dann den Anfang machen müssen. „Teufi nei", hat er zu sich selber gesagt, „i siech doch da zwoa Beichtstühl vor mia! In woichan geh jetzt i da nei?"

Er hat ein Stoßgebet zum Himmel geschickt und hat tatsächlich den richtigen erwischt. Als er im Beichtstuhl drin war, hat man nur noch einen dumpfen Laut gehört, der violette Vorhang hat sakrisch gewakkelt, und der Kurbi hat so laut geredet, daß selbst die weitere Umgebung noch all seine Sünden hat hören können, die der Windhund das ganze Jahr über begangen hat.

Dem Beichtvater muß das zuviel geworden sein. Der Bierdampf, der sich um den Kurbi entwickelt hat, ist mit aller Kraft durch das Gitter zum geistlichen Herrn hineingezogen. Der Pater hat sich nicht mehr anders helfen können, er ist aus seinem Gemach heraus, um die

Trennwand herum und hat versucht, den Kurbi vom Gitter wegzuschieben. Es hätt ja sein können, daß er vom Duft des eigenen Klostererzeugnisses rauschig geworden wär.

Der Kurbi aber hat in seinem Zustand gemeint, der Sepp oder der Lenz nehme ihn an der Schulter. Er hat sich die Einmischung in seine seelische Erleichterung nicht gefallen lassen und mit seiner Linken dem vermeintlichen Spezl ein paar Richtige auf die Finger gehaut. Dabei hat der Lackl noch etwas gesagt, was überhaupt nicht in den Beichtstuhl gepaßt hat.

Dem Beichtvater ist es darauf doch zu dumm geworden, und er hat ganz deutlich gesagt: „So kann ich Sie nicht lossprechen, lieber Bruder!"

Was? hat sich der Kurbi gedacht, und ein leichter Zorn hat seine Stimmlage erhöht: „Dös derf doch it wahr sei, füa was hockst na drinna?!" hat er durch das Gitter gezischt, ist aufgestanden und hat wankenden Schrittes den Beichtstuhl verlassen.

Seine Spezln sind ihm eiligst aus der Kirche gefolgt. Der Pater hat ihnen noch ein „Gott verzeih ihnen!" nachgerufen. Sie haben diese Worte gerade noch gehört, und auf dem Heimweg ist bei ihnen mit der allmählichen Nüchternheit auch das Gewissen zurückgekehrt.

Sie haben sich ein bisserl geschämt, und weil sie, wie gesagt, ganz anständige, christkatholische, bayerische Jungmänner waren, sind sie am Sonntag darauf noch einmal zum heiligen Berg gepilgert. Sie haben ihre Christenpflicht getan, und hernach hat das Bier um so besser geschmeckt.

Der Wahrheit zuliebe muß gesagt werden, daß es an diesem Tag bei weitem nicht so heiß und dämpfig war. Daher hat der Durst auch nicht ihrem Seelenheil Konkurrenz machen können.

Der Kurbi hat sich zwar in punkto Weiblichkeit nicht geändert, aber in Andechs hat er seitdem immer erst nach dem Beichten eine oder mehrere Maß gestemmt.

Dorfpassion

Man hat das Jahr 1930 geschrieben. Oberammergau war in aller Munde. Es war d a s Ereignis, und es ist auch in unsere Bubenherzen eingedrungen, das Spiel vom Leiden und Sterben unseres Herrn.

War es da ein Wunder, wenn auch wir angeregt wurden, diese Passion nachzuvollziehen! Beim Hansi im Garten, unserem Spielparadies, ist ein kleiner Buckel gewesen, so etwa eineinhalb Meter hoch. Das war für uns Buben Golgatha.

„Jetzt brauch ma bloß no a Kreuz", meinte der Lenze, der Zwillingsbruder vom Hansi.

„Dös mach i", war meine Antwort.

Wir hatten ja eine Schreinerei daheim und deshalb genug Latten und Riegel. Die haben wir dann aus dem Bretterschuppen geholt und mit Hammer und Nägel zu einem Kreuz zusammengezimmert.

„Und wer macht dann den Jesus?" hat der Schorschi kleinlaut gefragt.

„Dei Bruada, da Maxi", kam es aus unseren Kehlen.

Der Maxi war nämlich der Kleinste von uns, so umra fünf Jahr und ein Krisperl, wie man zu sagen pflegte. Zum Glück war er auch ein ganz braver Bub, a Loamsieda, mit dem man alles machen konnte. Der Maxi hat sich gleich selber auf das wacklige Kreuz gelegt.

Wir haben ihn dann mit alten Kaibistricken an Händen und Füßen festgebunden. Er hat schon ein bisserl gewimmert, weil wir die Seile wahrscheinlich zu stark angezogen haben.

„A so hebt es ja ned", sagte der Hansi, „i hoi no schnell was!"

Dann ist er heimgelaufen und mit einem alten Soldatenkoppel vom Ersten Weltkrieg wiedergekommen. Das haben wir dem armen Maxi noch um seinen mageren Körper gewickelt und hinten am senkrechten Stamm zusammengeschlossen.

„Da müaß ma noch an Nagl neihaun, sonst rutscht a", bemerkte der Schorschi und ist ans Werk gegangen.

So ist er dann dagelegen, der Maxi mit dem Kreuz, und er hat fast ein bisserl verklärt zum Himmel geschaut.

„Aber jetzt müaß ma erst auf dem Berg noch a Loch macha, wo ma dös Kreuz eigraben könna", sagte der Lenze.

Das haben wir auch gemacht, dieweil der Maxi schon ganz ungeduldig geschrien hat: „Jetzt machts doch amoi, dös tuat ja weh!"

Wir haben dann den armen Wicht mitsamt seinem Kreuz aufgestellt, das heißt, wir haben es versucht. Es war ein hartes Stück Arbeit, weil wir am Fuß des Berges immer ausgerutscht sind. Da war nämlich vom letzten Regen noch so ein richtiger Baaz! Aber mit aller Kraft haben wir es dann geschafft. Der Hansi, der Lenze und ich haben das Kreuz gehalten, und der Schorschi hat das Loch zugefüllt. Gerade als wir vier Buben ehrfürchtig vor das Kreuz treten wollten, bekam der Maxi mit seinem Balken das Übergewicht nach vorne und ist mit dem Kreuz kopfüber, das Gesicht nach unten, im Baaz gelandet.

Das war eigentlich sein Glück, denn er ist wenigstens weich gefallen. Weil er so fürchterlich geplärrt hat, sind wir anderen einfach davongelaufen und haben uns im Heuschober vom Hansi versteckt. Durch die Ritzen des Brettermantels haben wir noch gesehen, wie dem Maxi sein Vater aus dem Stall gelaufen und zum heiligen Berg geeilt ist, wo der arme Kerl im Baaz hätt ersticken können. Er hat den Leidenden mit seinem Gestell schnell umgedreht und ihn sozusagen vom Kreuz abgenommen.

„Depp, damischer", hat er ihn geheißen und gefragt, warum er sich das hat antun lassen.

„Mei, weil dö andern halt gesagt habn, i soll an Jesus macha", meinte weinerlich der Maxi, und seine Tränen vermischten sich mit dem Baaz in seinem Gesicht.

Und im selben Augenblick hat er von weitem auf uns tatsächlich einen göttlich-schmerzhaften Eindruck gemacht.

Das vergessene Kreuz – Eine bayerische Wallfahrt

Sind Sie schon einmal gewallfahrtet?
Ein eigenartiges Wort, wo man doch früher eigentlich nur zu Fuß gegangen ist. Heut fährt man ja wieder mit dem Bus. Aber es war so vui schö, des Wallfahrngeh, besonders für uns Ministrantenbuben.
Zum Beispiel von Wielenbach nach Polling oder, was einen besonderen Reiz gehabt hat, von Wielenbach nach Andechs.
Am Schauerfreitag, dem Freitag nach Christi Himmelfahrt, sind wir zum heiligen Berg gezogen, auf Schusters Rappen runter und rauf, versteht sich. Wir haben uns die Tage vorher schon riesig gefreut und den heiligen Petrus um gut Wetter angehalten. Warum? Weil wir Ministranten abwechselnd das Bittkreuz haben tragen müssen. Da hat es einem bei schlechtem Wetter, ohne Regenschirm, so richtig ins Genick hineingesaut.
Der Hansi, der Lenze, der Sepperl, der Harde und ich haben bereits am Mittwoch vorher schon ausgemacht, wer das Kreuz auf den verschiedenen Etappen tragen muß. Mich hat es von Pähl bis nach Andechs getroffen. So sollte es klar sein, wo es doch von Fischen aus fast nur noch bergauf gegangen ist, daß damit mein Pensum für den ganzen Tag erfüllt wäre.
Gleichzeitig war ich auch ein bisserl stolz, als wir zwischen den Marktbudenreihen und eingesäumt von Wallfahrern aus der ganzen Umgebung betend den heiligen Berg hinaufgezogen sind. Das Kreuz war nicht gerade leicht, aber trotzdem klang es kräftig aus meiner Bubenkehle: „Daß du uns die Früchte der Erde geben, segnen und erhalten wollest!"
Von hinten, aus dem Kreis der Männer, hat man den alten Schöllerbauern herausgehört. Mit einem geradezu übermächtigen Rohr, das einer oder mehreren Maß Bier nie abhold gewesen ist, hat er sein unvergleichliches „Gegrüßt seist du Maria" hören lassen.
Die Budenbesitzer hat das nie gestört. Sie haben ihre Waren trotz unserer Gebete genauso feilgeboten. Einer ist mir da immer besonders aufgefallen. Es war ein großer, fester, schnauzbärtiger Mann, der anscheinend eine Hasenscharte gehabt hat. Er verkaufte unter anderem

kleine Bleibomben, die mit den roten Kapseln gefüllt einen schönen Krach machten.

„Fliagabomben a Zehnerl, zwoa Schachterl Kapseln a Fünferl!" hat er immer wieder zwischen das betende Volk gerufen.

Nach der Kirche haben dann das Bier und die Brotzeit besonders geschmeckt. Und das Andechser Bier hat es bekanntermaßen in sich. Manche Herren haben das gespürt und waren deshalb nicht mehr ganz sicher auf den Beinen, als sich der Wallfahrerzug am frühen Nachmittag heimwärts bewegt hat.

Der Harde und der Sepperl zwei haben das Kreuz dann bis nach Pähl getragen. Dort ist die letzte Rast eingelegt worden, und wer in Andechs nicht genug Bier erwischt hat, der konnte, sofern es der Geldbeutel erlaubt hat, noch einmal nachfüllen.

So war es unausbleiblich, daß der eine oder andere Pilger in der Neuen Post in Pähl hängengeblieben ist. Das Kreuz ist derweilen einsam und verlassen vor der Wirtshaustür gestanden, und der arme Heiland wird sich so seine Gedanken über die lieben Menschen gemacht haben.

Etwa drei Kilometer außerhalb des Dorfes hat sich der Wallfahrerzug dann wieder formiert, um betend in die Heimat zurückzukehren. Außer den bekannten Pappenbleibern waren alle Bittgänger versammelt; nur ein wichtiger Gegenstand hat gefehlt: das Kreuz!

Der Lenze, der es heimtragen hätte sollen, hat einfach gestreikt, und so ist der liebe Herrgott mutterseelenallein in Pähl vor dem Wirtshaus stehengeblieben.

Ob das zum ersten Mal in der uralten Geschichte der Wielenbacher Wallfahrt war, läßt sich nicht mehr feststellen. Jedenfalls ist der Bittgang ohne Kreuz aus Andechs zurückgekehrt.

Der Herr Pfarrer hat darum ganz bös geschaut, und die Worte des zornigen Mesners können, der unflätigen Ausdrücke wegen, hier nicht wiedergegeben werden. Selbstverständlich hat es für uns Ministranten noch ein paar Watschen gehagelt.

Nachher haben wir uns wegen der Schuldzuweisung noch auf dem Kirchplatz gestritten. Gerade als die Debatte ihren Höhepunkt erreicht hat, haben wir zwei alte Herren die Kirchstraße heraufwanken sehen. Der eine – es war der Schöller – hat das Kreuz wie eine Mistgabel auf seiner Schulter getragen und dabei immer lautstark gebetet:

„Gegrüßt seist du Maria... und der uns die Früchte der Erde..."
Sie haben die ganze Straße gebraucht, und sein Begleiter, ein Riesen-
mannsbild, ist dem Schöller immer mit seinen Abortdeckelpratzen
über das Gesicht gefahren und hat gesagt: „Halt doch dei Fotzen, mia
san ja alloa!"
Dem Schöller hat das nichts ausgemacht, und so sind die zwei auch in
die Kirche eingezogen. Da hat der Bierbaß dann besonders laut ge-
klungen beim letzten „der uns die Früchte der Erde...!"
Der Mesner hat das Kreuz an sich genommen und gemeint: „Habts a
bisserl zvui von den Früchten der Erde dawischt ha?!"
„Hoits Mäu, Mesner", hat der Schöller gesagt, „der Herrgott is da, dös
is doch die Hauptsach oda?"
Darauf sind die zwei heimgewankt.
Wir haben uns dann doch ein bisserl geschämt, als wir am nächsten
Tag einen scheuen Blick zum Heiland am Kreuz getan haben. Das
Kreuz ist nämlich das ganze Jahr über in der Sakristei gehangen, genau
neben unserem Paramentenschrank.
Und weil der Herrgott ein wenig vorwurfsvoll – so habe ich jedenfalls
gemeint – auf uns heruntergeschaut hat, deshalb hab ich dieses Erleb-
nis nie vergessen.

Das Bugeis

Wer nicht weiß, was ein Bugeis ist, der soll durch diese Geschichte aufgeklärt werden.

Also, wenn der Winter ins Land gezogen war und Bäche, Teiche und Lachen – dös san Pfützen – zugefroren, dann hat für uns Buben ein pfundiger Sport begonnen: das Schleifen.

Das Schleifen war eine besondere Art der Fortbewegung auf dem Eis, und das mit Anlauf. Es war nicht ganz einfach, und man hat das Gleichgewicht schon gescheit halten müssen. Da ist es oft vorgekommen, daß es einen ordentlich auf den Hintern hingehauen hat. Der ganze Hosenboden war dann mit einer Schicht von Eisschnee bedeckt. Meistens haben wir Buben diesen Sport auf dem Weg zur Schule oder in der großen Mittagspause praktiziert.

Die Misthaufen der Bauern waren zur damaligen Zeit noch von einer stattlichen Lache umgeben, die eine frostige Nacht zu einer braunen Spiegelfläche hat erstarren lassen, und es hat nicht wenige solcher Schleifplätze auf dem Weg zur Schule gegeben.

War es ein Wunder, wenn wir Buben jede Gelegenheit genutzt haben, um über die herrlichen Eisflächen zu schleifen? Mitten im Dorf war eine der schönsten, mindestens wenn nicht länger und auch fast genauso breit.

Da haben wir eines schönen Wintermorgens unsere Kunst demonstriert, der Hansi, der Micherl, da Lenze, da Rudi und ich.

„I schleif ois ersta", hat der Micherl geschrien und ist mit vollem Anlauf über das braune Dingsda gerutscht.

„Bärig, a bärige Bahn", war seine Feststellung, dann sind wir andern vier hinterdrein.

„Dös is aa no a Bugeis", hat der Hansi konstatiert", dös müaß man in da Mittagspause no weita ausprobiern!"

Wie gesagt, wir haben damals noch vormittags und nachmittags Schule gehabt, und niemand hat vom sogenannten Streß geredet. Die einstündige Mittagspause ist außer einem Schnellimbiß zu allerlei Schandtaten benützt worden.

So haben wir fünf uns wiederum wie besprochen bei der schönen Odelbahn getroffen. Mei, da ist es dann losgegangen, hin und her, her und hin! Das Odeleis hat sich immer mehr gebogen.

„Ein Bugeis wia no nia", hat der Rudi geplärrt, „einfach einmalig!"

Aber wie es halt so ist, es hat sich immer noch mehr gebogen, als hätt der dicke Odel als Weichmacher gewirkt. Allmählich ist es gefährlich geworden, das Schleifen.

„Wer traut si no?"

Da hat sich der Rudi nochmal ein Herz gefaßt und mit den Worten auf den Lippen: „Ös seids alle Feigling", zur letzten Bahn angesetzt. Weil er wahrscheinlich zuwenig Anlauf genommen hat, die Bahn war auch schon zu weich geworden, hat er mittendrin nochmal anschieben müssen. Das Odeleis hat das nicht mehr ausgehalten, ist durchgebrochen, und der Rudi ist mit dem Hintern in der braunen Soße gesessen.

„Ui, der Bär stinkt vielleicht greisli!" hat der Hansi gerufen, als wir ihn herausgezogen hatten.

Der Micherl hat mit einem Stecken dem Rudi seine Kehrseite abgekratzt und gesagt, er soll doch heimgehen.

„Macht nix", hat der Rudi gemeint, „dös gfriert scho, bis ma in dSchui kömma!"

Deshalb ist er dann auch ganz langsam gegangen – oder weil...? Na, ihr wißt schon warum!

In der Klaß aber hat er ganz erbärmlich gestunken, obwohl sich der Rudi schnell auf seinen Platz gesetzt hat. Der Herr Hauptlehrer hat den Saubären gleich herausgefunden und ihn schleunigst heimgeschickt.

„Zieh dich um und in einer halben Stunde bist wieder da!" hat er ihm nachgerufen.

Der Rudi ist an diesem Nachmittag aber nicht mehr gekommen. Am nächsten Schultag hat er zuerst einmal ein paar Tatzen gekriegt.

Als ihn der Herr Lehrer gefragt hat, warum er die Schule geschwänzt hat, da hat er weinerlich gesagt: „Mei Muatta is net dahoam gwesen, da hab i zerst Holz reiholn und Feuer machen und a Wasser aufsetzen müssen. Bis ich dann a Soafn gfunden und mi gwaschen hab, da ist es zspät gworden, da war dSchui scho aus, ganz gwieß, Herr Hauptlehrer!"

Der Ganserer

Er war schon ein richtiges Mistvieh, der Ganserer vom Götsch! Immer wenn ich den Hansi, meinen Spezi, besuchte, hab ich ein bisserl die Hosen voll gehabt. Ich war noch nicht recht am Gartentürl, da hat der Ganserer aufgeregt seine Artgenossen verlassen und ist zischend mit leicht angespannten Flügeln, Kragen, Kopf und Schnabel fast in einer Linie, auf mich zugestelzt.

„Hansi", hab ich dann laut geschrien, „laß mi nei!"

Es hat manchmal recht lang gedauert, bis sich die Haustür geöffnet hat und ich unter Begleitschutz hineingelassen wurde.

„Brauchst doch koa Angst habn, der tuat bloß gifti", hat der Hansi dann immer gesagt.

„Hab i aa ned", war meine Antwort.

Aber bloß, wenn mei Spezi dabei war und weil der Ganserer gleichsam als Hofhund fungierte und dem Hansi aufs Wort gefolgt hat. Der hat nur ein paarmal „gsch, gsch" machen brauchen, dann ist der Giftnickel beleidigt abgezogen.

Eines Tages, in den Sommerferien, hab ich den Hansi wieder besucht. Die Gänseschar hat sich um einen Trog mit Futter vergnügt, und der Ganserer hat in einer in den Boden eingelassenen Wanne gebadet. Ich hab sehr gehofft, daß er mein Kommen nicht bemerken würde. So bin ich am Zaun des Gemüsegartens entlang zur Haustür geschlichen, immer das Gefühl im Rücken, daß das Mistvieh doch hinter mir ist.

So war es dann auch. Ein Flattern und Zischen, ein Platschen der Gänsefüße – und das weiße Gespenst war da! Ich hab den Biß an meinem verlängerten Rücken gespürt und ganz verzweifelt an der Haustürklinke gerüttelt.

Doch es hat niemand aufgemacht. Ich hab geschrien, und mein Schreien vermischte sich mit dem der ganzen Gänseschar, die sich ihrem Herrn angeschlossen hatte.

Vor mir die verschlossene Haustüre und hinter mir das Gänseregiment, eine schier ausweglose Situation!

Da, plötzlich, hab ich mich an mein fußballerisches Können erinnert, an meinen Mordsschuß im rechten Spann. Eine blitzartige Drehung,

und der Schlag hat den Ganserer genau unten am Schnabelansatz getroffen. Er hat Kopf und Augen verdreht und ist mit seiner Meute unter entsetzlichem Geschnatter davongestoben.
„Gell, jetzt hab ichs dir zeigt!" hab ich hinterdrein gerufen und nun meinerseits, gleich dem Ganserer, mein Haupt stolz erhoben.
Von da an hat mich das männliche Federvieh nur noch mit traurigen Augen angeschaut, wenn ich den Hansi besuchte. Der Ganserer hat dann immer den kleinen Kopf geschüttelt, wenn er auf wackligen Stelzen auf mich zugekommen ist, als wollte er sagen: „A so grob hättst jetzt aa ned sei braucha, du Mensch du grausamer!"

Gott Amor

Es war die Zeit nach dem Krieg, und wir waren ein verschworenes Theatervölklein. Jeden Frühsommer, so um die großen Feiertage herum und natürlich auch zu Weihnachten, war eine Aufführung fällig. Da haben wir dann geprobt und an der Bühne gezimmert, gemalt und Requisiten hergerichtet.
Nach einigen Volksstücken wagten wir uns endlich an ein Singspiel. Es hat den vielversprechenden Titel „das Waldvöglein" gehabt, und, wie soll es auch anders gewesen sein, sich um Freud und Leid, Reich und Arm und um die herrliche Liebe gedreht. Diese ewig junge Liebe, wo zwei Menschen, vom Pfeile Amors getroffen, in einen unendlichen Zauber versinken.

118

Ja, die Szene mit dem kleinen Amor war es, die uns Schauspieler einen unvergeßlichen Schreck eingejagt hat.

Ich habe ein kleines, reizendes Mädchen mit Namen Helga für diese Rolle ausgesucht. Sie war ein aufgewecktes Kind von etwa fünf bis sechs Jahren und gar nicht schüchtern. Doch die Bretter, die die Welt bedeuten, haben auch bei ihr, trotz aller Unbefangenheit, Wirkung gezeigt.

Genau in dem Augenblick, als das verliebte Paar im Duett zu singen angefangen hat: „Wie strahlen deine Augen hell, ich trink den Glanz wie frischen Quell", hätte Gott Amor auf der Bühne erscheinen und mit goldenem Pfeil und Bogen auf die Sänger zielen müssen. Doch Gott Amor ist nicht erschienen. Verzweifelt hab ich von der anderen Seite der Bühne durch die Kulissen gewinkt. Doch da ist ein weinendes Kind gestanden.

Geschwind bin ich hinter der Bühne auf die andere Seite gesaust. Das Podium hat geächzt, und die Rückkulisse hat sich verdächtig nach außen gebläht. Der kleine Engel aber ist immer noch zitternd dagestanden und hat zu seiner ihn begleitenden Mutter gesagt: „Mama, i muaß biseln!"

Weil ich meist nicht nur Spielleiter und Darsteller, sondern auch Bühnenbildner war, hab ich schnell geschaltet und einen unter dem Podium stehenden Farbtopf zur Verfügung gestellt. Während Sänger und Begleitung zum Dakapo angesetzt haben, war das Geschäft dank mütterlicher Hilfe schnell erledigt. Der reizende Amor ist zwar etwas spät und mit verweinten Augen auf die Bühne gekommen, aber die Szene war gerettet.

Bei den weiteren Aufführungen hat dann die Mutter immer vorsorglich ihr Töchterl ermahnt: „Sag's fei, wannst mußt!"

Aber Amor hat Gott sei Dank nimmer müssen.

Oster-Erinnerungen

Der Volksmund sagt: Die Ministranten sind Spitzbuben. Deswegen und weil ich als Bub braver war wie heute, wurde ich auch ein Ministrant. Da gab es über das ganze Jahr allerhand Erlebnisse, lustige und ernste, freudige und weniger freudige. Doch die Karwoche und die Osterfeiertage waren stets der Höhepunkt unseres Kirchenjahres. Diese Tage brachten viel Arbeit für uns fünf Lausbuben, schenkten uns aber einen krönenden Abschluß, außer den kirchlichen Feierlichkeiten natürlich, mit einem schönen alten Brauch: dem Oarbetteln!

Ein Ostermorgen brach leuchtend aus dem Grabesdunkel, der Tag glänzte silbern in der aufgehenden Sonne, wenn sich auch noch kühle Schatten gleichsam auf den werdenden Frühling legten. Es schien, als würden die Glocken ganz besonders feierlich den Ostersonntag einläuten, einen neuen, goldenen Tag, der sich für uns Buben und für das ganze Dorf vor uns ausbreitete.

Gegen 5 Uhr früh trafen wir uns vor der Kirche. Der Hansi und der Lenze, der Sepperl, der Harde und ich. Mit zwei handfesten Waschkörben ausgerüstet, erwartungsvoll und in freudiger Erregung.

„Wia geng ma?" fragte der Hansi. Er war nämlich unser erster Ministrant.

„I tät sagn mia zwoa, da Erste und da Zwoate miteinanda dö linke Dorfstraßnseitn und ös drei de rechte", schlug ich vor.

„Schaug eahm o, den Schlaumeier!" tadelte der Lenz. Es waren nämlich auf der rechten Straßenseite weniger Häuser als auf der linken.

„Wenn mia dö Oar am Schluß teiln, is dös doch ganz wurscht wia mia genga", sagte der Harde. So einigten wir uns dann doch, wie ich vorgeschlagen hatte.

Der Hansi und ich steuerten gleich den ersten Bauernhof an und schrien aus Leibeskräften vor der Haustür: „dMinistranten bitten um Ostaoar!"

Nichts rühre sich. „dMinistranten bitten um Ostaoar!" plärrten wir noch lauter.

„Ob dö faulen Deifi no schlafa?" meinte der Hansi.

Doch da erklangen endlich Schritte, ein Schlüssel drehte sich im

Schloß, und die Bäuerin reichte uns zwei Eier durch den Türspalt.
„Vergelts Gott", sagten wir etwas kleinlaut.
„Unkochte und ungfarbte Oar, zfaul zum Aufstehn und zfaul zum
Oarfarbn", murrte der Hansi.
„Hätt uns aa viere gebn kenna, dös noade Luada", war meine Mei-
nung über diese Ostergabe.
So zogen wir von Haus zu Haus, und wir kannten allmählich die
Kniggaten und die Freigebigen, die großen und die kleinen Bauern.
„Vo dö großn Bauern kriagt ma dö kloan und vo dö kloana Bauern dö
großn Oar", sagte ich zum Hansi, „a vadrahde Woid, ha!"
„Jetza pflehn doch it", tröstete mich der Hansi, „jetzt gehn ma zu da
Moarin, dö mag uns, da kriang ma bestimmt fünfe."
Tatsächlich war es auch so. Sie war ein guats Leut, dö Moarin, eine
Mittfünfzigerin mit rötlichem Gesicht und lustigen Augen.
„Buam, seids no recht fleiße. Habts scho vui beinand?" sagte sie und
stand resch und sauber vor uns.
„Kunten mehra sei", meinte der Hansi, „schö wärs, wenn ma überall
so vui kriang tätn wia bei Eahna. Vergelts Gott!"
„Sengs Gott", hörten wir sie noch sagen, und weiter ging es die Straße
hinauf und auf der anderen Seite des Dorfes herunter.
Langsam füllte sich unser Korb mit rohen Eiern und mit schönen farbi-
gen Ostaoar.
„Jetzt müaß ma no zur Hoanzin", sagte ich etwas schüchtern, als es
dem Ende zuging. Wir kannten sie alle, die Hoanzin.
„O mei, o mei", seufzte der Hansi, „dö Gurkn dö zammgschrumpfte,
dös Gnack dös dürre! A Mordstrum Hof und so geizig!"
Wir standen zögernd am Gartentürl, so quasi: soll ma oda soll ma ned.
„A wos, pack mas!" ermunterte ich uns beide, und wir schritten
stramm zur Haustür.
„dMinistranten bitten um Ostaoar!" hallte es im Hof.
Stille, absolute Stille.
„Hörst du wos?"
„Na, i aa ned."
„Na plärr ma no amoi, aba lauter."
Da, endlich schlurfende Schritte. „Wer is drauß?"
„Ois ob uns dö oide Giftnudl ned ghört hätt", sagte der Hansi.

Bedächtig wurde das Fensterl an der Haustür geöffnet, und ein blasses, ungewaschenes Geistergesicht hängte sich aus dem Rahmen, wie weiland die Hex bei Hänsel und Gretel.

„Mia habn koane Oar! Insare Henna legn so schlecht. Wiavui habtsn vo da Föstin kriagt?" Pause. – Stille.

„A, was, geng ma", meinte der Hansi. Doch bevor wir uns zum Gehen wandten, langte doch noch die knorrige Hand der Hoanzin aus dem Türrahmen und drückte dem Hansi ein winzig kleines Ei in die aufgehobene Hand.

Wir stammelten ein leises Vergelts Gott und noch ein paar weniger feine Sätze und machten uns aus dem Staub, zurück zur Kirche, wo die anderen drei schon auf uns warteten.

Beim Hansi daheim in der Küche wurde dann unter Aufsicht seiner Mutter redlich geteilt. 42 Eier durfte ich mein eigen nennen, und etwa die Hälfte lachte in bunten Farben aus meinem Körblein.

„Tean ma am Nachmittag oarkugeln?" schlug der Hansi vor.

„Bei ins im Garten", war meine Antwort, „nach der Vesper."

Da rückten sie dann an, der Hansi, der Lenze und der Harde. Ein jeder mit einem stattlichen Vorrat von Oar. Auch ich hatte meine Bekker in alle Taschen verteilt, in der Hoffnung, ein besonders hartgekochtes sei darunter.

Die Anlaufbahn, zwei hübsch gerade Stangerl aus unserer Schreinerei, schön nebeneinander, an einem Ende auf einen Hocker gelegt, war schnell aufgebaut.

„Wer scheibt o?" fragte der Lenze.

Da kamen auch noch die beiden Nachbarskinder, der Micherl und das Marerl dazu.

„Deaf ma mitdoa?" bettelte der Micherl.

„Ja freili", war unsere Antwort, wenn wir auch das Marerl nicht gern mochten. Sie war hübsch, aber dafür a bisserl hochnäsig und altklug.

So begannen wir also unseren Wettkampf. Als der erste angekugelt hatte, mußte immer der nächste versuchen, mit seinem Oar das andere anzubecken. Konnte er dies, erhielt er einen Pfennig. Da gab es dann Oar, mit denen war nicht lange Staat zu machen. Was blieb uns übrig, als diese lädierten Oar zu essen.

Weil aber der Verbrauch aufgrund der Zerbrechlichkeit und wegen des zahlenmäßig großen Angebots sehr hoch war, widerstand uns der österliche Segen meist recht schnell.

„S Eiweiß gangert ja, aba an Dotter bringt ma ums Varecka nimma nunter", jammerte der Micherl.

Den haben wir dem hochnäsigen Marerl dann ins Gnagg neigsteckt oder in hohem Bogen zum Nachbar rübergeworfen, den Erzeugern wieder zum Fraß. Mit einem schlechten Gewissen, versteht sich, wie es sich für anständige Ministranten der damaligen Zeit gehörte.

Es war eine schöne Zeit. Die Spiele waren noch nicht elektronisch, und wir waren zufrieden. Und anständige Spitzbuben waren wir auch, wie die Ministranten von heute.

Weil sich nämlich auf der Welt nur die Zeiten ändern, die Menschen, ob klein oder groß, die bleiben immer so oder so.

Dialekt ist Heimat

Das Knattern der Maschinengewehre und das Pfeifen der Kugeln durchdrang gespenstisch die Luft. Da, ein starker Schlag auf meinem linken Arm. Gerade so, als wenn mir einer mit einem Holzprügel darüber geschlagen hätte.

Und dann lief mir das Blut zum Ärmel heraus, warm und dunkelrot. Die Maschinenpistole lag im Schnee. Ich habe einen Schrei ausgestoßen und mich hinter einer alten Hütte verkrochen. Es war mitten in den montenegrischen Bergen, und ein eisiger Schneesturm fegte mir stechende Nadeln ins Gesicht.

Die Kugel hatte mir den Unterarm zerschlagen, doch es war eine Verwundung, von der viele Frontsoldaten träumten. Heimatschuß sagte man damals.

Heimat – welch eine Sehnsucht, welch ein Wort! So unendlich weit und nur ganz in der Ferne faßbar. Der Gedanke schmerzte fast mehr als die Wunde am Arm.

Auf dem Hauptverbandsplatz Ärzte und Sanitäter, ein Stimmengewirr voller Hektik im Operationsraum, untergebracht in einem alten Schulhaus.

Nun war ich dran. Den Schock des Schlages noch ein bisserl in den Beinen, stand ich wartend vor dem Stabsarzt.

„Hock die hin Bua", sagte er freundlich zu mir.

Da waren mit einem Mal alle Angst, aller Schmerz, aller Schrecken vergessen. Das Gesicht dieses Arztes hat sich in meine Seele eingeprägt, ich seh es heute noch vor mir.

Einige Zeit später trug mich die Eisenbahn Richtung Wien. Im Abteil klirrende Kälte und ringsum nur norddeutsche Laute. Es war, als fahre ich in die verkehrte Richtung.

Zwei Stunden Aufenthalt in der Kaiserstadt.

Auf dem Bahnsteig das Grau des Krieges, die eigenartige Stimmung zwischen Tod und Leben.

Doch da! Ein bekanntes Gesicht.

Vier Augen erhellt ein seltsamer Glanz, es bricht heraus wie ein Strom über die Ufer: „Ja, leck mi –! Ja, wo kimmst denn du her? Ja, da mächst do glei varecka, da Seppe! Ja, wia gehts da denn du Hund, du wuida! Ja, lebst denn du aa no?"

Es ist, als würde das ganze Glück der Welt über mich ausgegossen! Die Heimat ist gegenwärtig geworden in ihrem Dialekt.

Als der Zug weiterfährt, müssen wir uns wieder trennen.

Was zurückbleibt, ist ein Augenblick im Herzen, der mich sehr froh gemacht hat.

Der Storch

Wer glaubt denn heut noch an den Storch?
Nicht einmal bei den kleinen Kindern ist noch die Red davon. Aber zu unserer Zeit!
Da haben wir voller Erwartung unseren Würfelzucker aufs Fenstersims gelegt. Wir haben uns sogar ein Brüderl oder ein Schwesterl wünschen dürfen.
Doch meistens hat uns der Storch im Stich gelassen. Er ist vorbeigeflogen, haben uns die Eltern erzählt.
Was haben die wohl damals gedacht, wenn sie das Glück ihrer Liebe gekostet haben? Bestimmt nicht an die Ausrede mit dem Storch!
Als wir dann etwas älter geworden waren und das Märchen doch nicht mehr so recht glauben wollten, rätselten wir herum und konnten doch keine Lösung finden.
Eines Tages, die Ferien waren angebrochen, und ein naßkalter Regentag hat uns wieder einmal auf den Speicher getrieben. Es hat dort zu unserer Jugendzeit soviel zu entdecken gegeben. Alte Postkarten aus Italien, der Schweiz, Österreich und dem Rheinland erzählten geheimnisvolle Geschichten von der Wanderschaft meines Vaters.
Zeitschriften, wie „Die Gartenlaube" oder „Der Weltkrieg 1914 – 18" mit den liebreizenden oder grausamen Bildern haben unsere Herzen schneller klopfen lassen.
Und oben auf dem Querbalken vom Dachstuhl ist mit braunem Packpapier verhüllt ein merkwürdiges Dings gestanden. Uns war es ausdrücklich verboten, dieses Paket zu öffnen. Aber wie es immer und überall gewesen ist und fürderhin auch sein wird – Verbote werden ausgesprochen, damit man sie übertreten kann.
So war es auch bei uns, an einem verregneten Sommertag etwa um das Jahr 1930.
Einer hat an der Speichertür Schmiere stehen müssen, und der andere – wer weiß wer? – ist hinaufgestiegen auf den Dachstuhl, bis hin zu dem geheimnisvollen Paket.
Auf der Oberseite hat sich die Verpackung schon ein bisserl gelöst gehabt.

Der Forscherdrang hat dort weitergesucht und die Hülle ganz langsam und zaghaft weggezogen.

Was glaubt ihr, was zum Vorschein gekommen ist?

Ein Storch, wahrhaftig ein Storch, aus dünnen Leisten gebogen die Form mit Hunderten von Federn aus weißem Krepp-Papier beklebt. Der Hals war sogar beweglich und der Schnabel auch, in dem pfeilgrad ein kleines Babypupperl aus Zelluloid gesteckt ist.

Und das ist der Storch, der uns die Kinder bringt? Tausend Fragen sind durch unsere kleinen Bubenhirne gestoben und haben uns nur noch unsicherer gemacht.

Wir haben jedenfalls von da an keinen Zucker mehr hinausgelegt. Viel später hat sich dann herausgestellt, daß das Ganze nur ein Faschingskostüm von meinem Vater war.

Er ist bei so manchem Ballvergnügen als Storch verkleidet durch den Saal stolziert und hat durch den Hals seiner Maske die kleinen Püppchen den holden Mädchen auf den Schoß geblasen. All jenen, denen er Nachwuchs gewünscht, oder bei denen er gewußt hat, daß der Storch bald kommen wird.

Kindisch, hab ich mir damals gedacht, einfach kindisch! Wie kindisch können doch Erwachsene sein.

Der Schnupfi

Der Wirtsmicherl war ein netter Hund, wie man so sagt. Er war es! Gott hab ihn selig – leider ist er im letzten Krieg gefallen.

Er hat mich im Sommer '44 noch im Lazarett in Garmisch besucht. Als er sich von mir verabschiedet hat, hat er mir zwar lachend die Hand gegeben und „Servus Seppe" gesagt, aber in seiner Stimme ist eine gewisse Traurigkeit gewesen, ein letzten „Pfüat di".

Also, wie gesagt, als Bua war der Micherl ein ganz netter Hund. Als kleinen Schoaß hat man ihn selten ohne Rotzglocke gesehen. Die hat er dann immer querverschmiert, gleichsam wie einen silbergrauen Bart unter der Nase getragen. Der Abdruck davon hat, je nach dem Wetter, auf seinem linken Ärmel oder auf dem linken Unterarm geglänzt.

Obwohl er ein ausgesprochener Rechtshänder gewesen ist, das Putzen seiner Nase hat er ausschließlich mit dem linken Arm besorgt. Diese Bewegung war ihm schon so zur Gewohnheit geworden, daß er auch im trockenen Zustand darübergewischt hat. Die Zeremonie hat er dann noch mit einem kräftigen Schnupfer gekrönt.

War es ein Wunder, daß wir Buben ihm einen Spitznamen gegeben haben? Schnupfi haben wir den Micherl geheißen. An einem schönen Herbsttag sind der Schnupfi und ich einmal auf schlechte Gedanken gekommen.

Aus dem Obstgarten vom Nachbarn haben uns goldgelbe und rotbackige Äpfel angelacht. Herrlich süße Forellenbirnen sind überreif am Baum gehangen. Der Schnupfi und ich sind hinter unserem Gartenzaum gehockt und haben den Amseln zugeschaut, wie sie köstliche Mahlzeit gehalten haben.

Die Luft hat gezwitschert und gewabert, und zwischen Bäumen und Ästen waren die silbernen Fäden des Altweibersommers gespannt. Da sind wir auf einmal neidisch auf die frechen Amseln geworden. Wir haben gemeint, es wäre schade, wenn die Vögel des Himmels und die Gänse der Nachbarn dieses herrliche Obst verzehren sollten.

So sind der Schnupfi und ich hurtig über den Zaun gekraxelt und haben uns über die Äpfel und Birnen hergemacht. Alle Taschen vollgestopft, wollten wir gerade den Ort der Missetat verlassen, da ist der Herr Nachbar, der Wagnervater, den Garten heraufgekommen. Weil es bis zum Zaun zu weit war, haben wir uns hinter dem großen Birnbaum versteckt und voller Angst gehofft, nicht gesehen zu werden. Aber, wie gesagt, der Schnupfi hatte eine Gewohnheit. Justament als der Herr Nachbar so etwa zwei Meter am Birnbaum vorbeigegangen ist, da ist der Micherl nervös geworden. Gemäß seiner saudummen Gewohnheit hat er sich mit dem linken Unterarm über seine vor Aufregung rote Nase gewischt und im selben Moment seinem Spitznamen alle Ehre gemacht.

„Bläda Hund", hab ich ihn noch geheißen, und schon ist die Riesengestalt des Herrn Nachbar vor uns gestanden.

„Woas teatzn da, ös Rotzlöffen!" hat er uns angefaucht.

Über seinem Gesicht aber war trotz der scharfen Rede ein leichtes Lächeln zu erkennen, gleichsam als hätte er sich gefreut über uns Hundsbuam.

„Aba jetzt hauts ab und laßts euch ja nimma blickn!" hat er uns noch nachgerufen, als wir fluchtartig den Garten verlassen haben.

Auf unserer Gartenbank haben wir dann die köstliche Beute verspeist. Die goldene Herbstsonne hat vom Himmel gelacht, und auf dem Schnupfi seinem linken Ärmel haben sich ihre Strahlen gespiegelt.

Der weiße Bart seiner Rotzglocke aber hat sich mit dem Saft der Früchte vermengt, und der Schnupfi hat gesagt:„ Schmecka bärig, gell, Pepperl, dö Birna vom Nachbar!"

Abschied in der Ferne

November 1942: Urasowo, eine kleine russische Stadt, ungefähr 100 Kilometer westlich von Woronesch.

Es ist Nacht, und der bleiche Mond erhellt gespenstisch eine schneebedeckte Landschaft, die in seinem Schein blausilbern glänzt.

Ein eisiger Ostwind sticht in das junge Gesicht eines Arbeitsmannes, der als Wachtposten frierend und auch ein wenig ängstlich seinen schweren Dienst tut.

Aus der Ferne ist ab und zu das Donnern von Geschützen zu hören. Die Gedanken des Mannes schwirren wie winzige Kolibris hin und her, von hier nach dort, ins heimatliche Dorf und zurück über die endlosen Weiten russischer Felder und Hügel. Vom weißblauen Himmel mit der Zugspitze im Süden hin zu den fremden Städten Poltawa oder Charkow hierher nach Urasowo.

Sein Herz schlägt voller Zweifel und Hoffnung. Es gehen Gerüchte um!

Die einen sagen: „Wir werden in die Heimat entlassen, um nach kurzem Urlaub wieder zum Heer einzurücken."

Die anderen wissen ganz bestimmt, daß wir in Smolensk unmittelbar übernommen werden.

Mehr als ein halbes Jahr ist vergangen, seit die Einheit, von Breslau kommend, in dieses Land verlegt wurde.

Eine abenteuerliche Fahrt, auf Lastwagen, über grundlose, Hunderte von Metern breite Rollbahnen, vorbei an Ruinen zerschossener Städte und Dörfer mit dem Ziel: Urasowo.

Hier soll ein Flugplatz gebaut werden, zusammen mit Tausenden von russischen Gefangenen, die sich täglich, in mehreren Abteilungen, wie eine graue, zerlumpte Masse zur Arbeitsstelle wälzen. Dabei haben diejenigen, die in der Marschkolonne außen am Straßenrand gehen, stets den Vorteil, daß sie in ihre Blechdosen so manches vom Wind verwehte Korn auflesen können. Auch auf die Gefahr hin, daß der Hintermann über den Finder stolpert, stürzt und von den eigenen brutalen Wächtern mit Peitschenhieben wieder hoch und in Marsch getrieben wird.

Der Arbeitsmann hat wenigstens die Möglichkeit, bei einer Bäuerin mit deutschem Süßstoff, der auf dem Feldpostweg nach Rußland kommt, so manches Ei oder auch einen Schluck Milch einzutauschen.

Sie ist eine freundliche, nette Frau mit rundem Gesicht, die Paninka Jostschenko. Der Arbeitsmann hat sie immer anständig gefragt und ist von ihr auch nie abgewiesen worden.

Als es endlich gewiß war, daß es zurück nach Deutschland gehen soll, da waren alle überglücklich.

Am 19. November 1942 hat der Arbeitsmann bei der Bäuerin Paninka Jostschenko seine letzten Eier geholt. „Jajze" (Eier) auf russisch, zwei Stück für vierzehn Blättchen Süßstoff. Er hat der Frau gesagt, daß er nun endlich in die Heimat darf. Das heißt, er wollte es ihr sagen. Aber es war unendlich schwierig mit den paar mit Ach und Krach gelernten Worten. Da sprach er mit Händen und Füßen, bis die Frau endlich verstand. Dann hat er sich ein paarmal verneigt und „Spasiva" (Danke) gesagt.

Da sind der Frau auf einmal die Tränen über ihr rundes Gesicht gelaufen. Sie hat den verdutzten Jüngling mit weit aufgerissenen Augen angeschaut und immer wieder gerufen: „Teper tüi uchodisch, moi musch i moi sün, tosche uschli! Satschem, satschem?"

Der Arbeitsmann hat sich nochmals verneigt und ist gegangen, zurück zu seiner Einheit. Er hat zwar die Worte nicht verstanden, aber er hat sie sich gemerkt: „Teper tüi uchodisch, moi musch i moi sün, tosche uschli! Satschem, satschem?"

Einer aus seiner Abteilung, der die russische Sprache beherrscht hat, hat ihm die Worte übersetzt: „Nun gehst du, mein Mann und mein Sohn sind auch gegangen! Warum, warum?"

Die Worte klingen ihm heute, nach über 40 Jahren, noch immer im Ohr, „Teper tüi . . . Satschem, satschem?"

Immer, wenn er während all der Zeit eine Zeitung aufgeschlagen, wenn er über Kriege, Elend und Tod gelesen und gehört hat, dann hat er an diese russische Frau gedacht. – Satschem, satschem? Warum, warum?

Wie abgrunddumm und sinnlos ist doch so ein Krieg! Wie unendlich beglückend sind Freundschaft und das Verstehen über alle Grenzen hinweg.

130

Heimat

Hei-mat! Das ist wo das Kirch-lein steht, am Berg, mit der Lin de da - vor. Wo ü - ber den See der West - sturm weht und der Brach-vo-gel ruft aus dem Moor.

2.
Heimat! Das ist, wo mein Vater war,
den ich als Kind noch gekannt.
Wo heut meiner eigenen Kinder Schar
lärmend sich freut, da ist Heimatland.

3.
Heimat! Das ist, wo zum ersten Mal
ich geküßt meiner Liebsten Mund
und später, im Kirchlein über dem Tal,
die Hand sie mir gab zum Lebensbund.

4.
Heimat! Das ist, wo die Freunde sind
mit dem Herzen so offen und treu.
Wer in der Freundschaft die Heimat findt,
dem schenkt sie sich immer aufs neu.

Günter Platzer

stammt aus Passau, verbrachte dort Kindheit und Jugendzeit. Er nennt sich einen Bayern von Geburt und aus Überzeugung, meint allerdings, er hätte besser ins Königreich Ludwigs II. gepaßt als in den heutigen Freistaat. Von Beruf Lehrer und Schuljugendberater, arbeitete er an pädagogischen Fachbüchern mit, leitete Kurse an der Volkshochschule und pflegt als Steckenpferde neben dem Schreiben Malerei und die Hingabe an alte Automobile. Seine in großer Sensibilität geschriebenen Geschichten finden hier zum erstenmal eine Veröffentlichung.

Die erste Turnstunde

Es ist über 15 Jahre her, aber ich erinnere mich noch so gut, als wäre es erst gestern gewesen...

„Sie sind neu an unserer Schule, Herr Kollege, Sie bekommen die 9. Klasse Buben", das waren die Begrüßungsworte meines Schulleiters, als ich mich bei ihm vorstellte.

Daß ich als junger Lehrer bis dahin nur Kinder im Grundschulalter unterrichtet hatte, daß es damals für den 9. Schülerjahrgang in Bayern noch keine Lehrpläne, geschweige denn Schulbücher gab, was störte das die Obrigkeit!

„Der Mensch wächst mit der Aufgabe!" Dieser Satz, den ich noch oft zu hören bekommen sollte, mochte meine Bedenken verwischen.

Mit Herzklopfen betrat ich am ersten Unterrichtstag nach den Sommerferien das Klassenzimmer. 30 Augenpaare starrten mich an. Mein freundlicher Gruß wurde nicht erwidert. Auf meine Fragen erhielt ich keine Antworten. Ich versuchte es mit einem Witz. – Keiner lachte.

Das Verhalten der 30 Burschen war verständlich. Alle hatten sie schon feste Zusagen für eine Lehrstelle am Ende der 8. Klasse erhalten. Es war noch die Zeit, da sich die Betriebe um Lehrlinge rissen. Es war noch die Zeit, da man zu den jungen Leuten „Lehrling" sagen durfte und nicht „Auszubildender", in Kurzform „Azubi" – welch gräßliches Wort!

So nahm ich denn, als meine gutgemeinten Worte ohne jegliche Resonanz blieben, die vorsorglich zu Hause eingepackte Tageszeitung aus der Tasche zur Hand und las. Das heißt natürlich, ich las nicht. Hinter der Zeitung versteckt dachte ich angestrengt nach, wie ich die Burschen zur Mitarbeit bewegen könnte, sie motivieren, wie man heute so schön sagt.

Da auch meine gespielte Passivität nicht den erwünschten Erfolg brachte, verkündete ich eine Turnstunde. Und da ich im Turnen eine ähnliche Begabung und Erfahrung wie im Umgang mit einer 9. Klasse hatte, sagte ich großzügig, daß wir Fußball spielen würden.

Die Burschen schienen zwar noch immer widerwillig, aber sie verspra-

chen immerhin großmütig, sich mit mir nach der Pause auf dem Sport-
platz zu treffen.

Wir kleideten uns um.

Ich fühlte, wie mir die Schamröte ins Gesicht stieg, als mich die Schüler in ihrer feschen Turnkleidung mitleidig angrinsten. Ich trug ein
weißes Unterhemd und dazu meine alte schwarze Turnhose, wie ich
dies immer als Gymnasiast getragen hatte. Zugegeben, der Hose war
ich schon seit einiger Zeit entwachsen!

Zwei Mannschaften wurden gewählt, Schiedsrichter sowie Linienrich-
ter bestimmt. Einige Schüler wollten nicht mitspielen. Nun ja, wir
brauchten auch Publikum.

Anpfiff! – Und dann passierte es sehr schnell.

Ich bekam plötzlich unerwartet den Ball zugespielt. Mit dem rechten
Bein holte ich kräftig aus, um als Verteidiger – denn Laufen war nicht
meine Stärke, und so versuchte ich den Tormann ein wenig zu entla-
sten – den Ball mit einem gewaltigen Schuß möglichst weit nach vorne
zu treiben.

Es war mir, als zerrisse der Vorhang im Tempel zu Jerusalem. Ich
fürchtete, nicht nur die Schüler, sondern der ganze Ort müsse dieses
Geräusch gehört haben. Verlegen tastete ich mit der Rechten mein
verlängertes Rückgrat ab. Ich spürte den Riß in der Hose; er schien
endlos.

Krampfhaft versuchte ich, das Geschehen zu vertuschen. Jegliche
Ballannahme wurde von mir verweigert. Mit beiden Händen wollte
ich den Makel der Hose verheimlichen.

Jetzt wurde ich an meine eigene Kindheit und Schulzeit erinnert. Wie
ein Film liefen in meinem Gehirn die Bilder vor mir ab, da wir als
Schüler uns vor Lachen kaum beherrschen konnten, wenn wir bei unserem Lehrer einen Kreidefleck an der Hose entdeckten oder gar einen offenen Knopf. Welch ein Erlebnis! Für uns wurde die Unter-
richtsstunde zum Erfolg, für den armen Lehrer war sie dahin. Jegliche
Konzentration auf den dargebotenen Unterrichtsstoff war uns unmöglich. Je mehr sich der geplagte Lehrer bemühte, desto größer der Spaß
für uns.

War dies nun die verdiente Rache meiner alten Lehrer, die berechtigte
Quittung einer noch offenen Rechnung?

Die stummen Gebete nach einem plötzlichen Hagelschauer, der sofort das Spiel unterbrochen hätte, nach einem Flugzeugabsturz in der Nähe des Spielfeldes, um die Schüler abzulenken – all meine innigen Bitten blieben unerhört. Und während ich mit größter Anstrengung überlegte, wie ich mich einigermaßen aus dieser Affäre ziehen könnte, fühlte ich plötzlich eine Hand auf meiner Schulter, und eine Stimme sagte: „Herr Lehrer, ich habe noch eine zweite Turnhose dabei. Ich denke, die könnte Ihnen passen."

Ich starrte den Schüler überrascht an, und er sprach weiter: „Die Turnhose liegt in der roten Sporttasche, hinter dem Tor."

Ich drückte ihm stumm die Hand, rannte zu meinem Tormann zurück, entschuldigte mich beim Schiedsrichter für einen Augenblick, fand die Sporttasche, lief zur Umkleidekabine, wechselte die Turnhosen.

Die Hose des Schülers paßte wie angegossen.

Nach wenigen Minuten war ich wieder auf dem Spielfeld. Als ob nichts geschehen wäre, spielten mir meine Mannschaftsteilnehmer den Ball zu, und ich stürmte auf und davon. Überspielte den gegnerischen Mittelstürmer, die Läufer, den Verteidiger und plazierte das Leder unter die Torlatte.

Meine Mannschaft gewann das Spiel, und ich konnte am nächsten Tag mit einer interessierten Klasse meine Unterrichtsarbeit beginnen.

Geburtstagsgeschenke

„Mein Herz, was wünschst du dir zum Geburtstag?" frage ich jedes Jahr kurz nach Weihnachten meine Frau.

Sie hat zwar erst Ende April Geburtstag, aber ich möchte genügend Zeit haben für die Suche nach einem passenden Geschenk.

Seit vielen Jahren gab ich mir selbst das Versprechen, die Weihnachtsgeschenke schon im vorausgehenden Sommer zu besorgen. Bislang ist es aber nur immer beim Vorsatz geblieben. Aber zum Geburtstag meiner Frau sollte es mir wenigstens gelingen. Deshalb die Frage kurz nach Weihnachten!

Auf diese Frage erfolgt meist immer dieselbe lapidare Antwort: „Nichts, mein Schatz!"

Nun schenken Sie mal dem Menschen, den Sie gern haben, n i c h t s zum Geburtstag!

Einmal jedoch überraschte mich meine liebe Frau, als sie auf meine Frage antwortete: „Möchtest du nicht dein Arbeitszimmer aufräumen, damit ich es einmal gründlich putzen kann?"

Seit dieser Zeit sperre ich die Tür meines Arbeitszimmers zu und nehme den Schlüssel mit, wenn ich aus dem Haus gehe.

Neben den schon obligaten roten Rosen versuchte ich es mit originellen Geschenkideen. So überreichte ich meiner Frau einmal ein Kistchen Zigarren von erlesener Qualität, ein anderes Mal ein wertvolles Feuerzeug. – Sie wollte dennoch Nichtraucherin bleiben!

Wenig Freude hatte sie auch an einem antiquarischen Vorderladerrevolver. Noch weniger an der über 30 Jahre alten Seitenwagenmaschine, Marke DKW RT 200 mit „Steib"-Seitenwagen LS 200, die ich ihr vor ein paar Jahren vor die Haustüre lenkte und als Geschenk präsentieren wollte.

„Schämst du dich nicht", sagte sie, „mit so einem vorsintflutlichen Ding zu fahren!"

Es kostete alle Überredungs- und Überzeugungskünste, sie an ihrem Geburtstag zu einer gemeinsamen Familienausfahrt zu bewegen. Schließlich kletterte sie, wenn auch mürrisch, doch auf den Sozius.

Unsere neunjährige Tochter hatte bereits mit ihrem sechsjährigen

Brüderchen begeistert im Seitenwagen Platz genommen, wo auch noch unser Dackel – mit Schutzbrille – untergebracht wurde.

Da meine Frau mit der lautstarken, nur 9 PS schwachen, qualmenden Zweitaktmaschine nicht durch unsere schöne Stadt gefahren werden wollte, wich ich auf Feldwege und kleine Nebenstraßen aus.

„Fahr mich bitte schnellstens zurück!" schrie sie mir vom Sozius herab in meinen Lederhelm, als uns ein Personenwagen mit Münchner Kennzeichen überholt hatte, der Fahrer den Wagen nach wenigen Metern am Straßenrand parkte, ausstieg und uns grinsend fotografierte. Es war und blieb die einzige Motorradausfahrt mit meiner Frau!

Letztes Jahr, so schien mir, hatte ich eine besonders gute Idee. Ich rasierte in der Nacht vor ihrem Geburtstag meinen Bart ab, den sie nie leiden konnte und wiederholt bekritelt hatte – meistens mit der Begründung, daß er mich wesentlich älter mache, als ich ohnedies schon sei, und zudem meinem Gesicht einen ungepflegten, wilden und verwegenen Ausdruck verleihe. Die abgenommene Manneszier legte ich in einen Briefumschlag, adressierte diesen an meine Frau, klebte noch eine abgestempelte Briefmarke darauf und warf ihn dann in unseren Hausbriefkasten.

Erst gegen Mittag, als meine Frau den Briefkasten entleerte und mit der übrigen Geburtstagspost auch diesen Brief öffnete, fiel ihr auf, daß ich bartlos war!

Nach etwa vierzehn Tagen fragten Freunde: „Läßt sich dein Mann wieder ein Geburtstagsgeschenk wachsen?" als sie die Nachwuchs-Bartstoppeln in meinem Gesicht bemerkten.

Aber – was soll ich meiner lieben Frau dieses Jahr zum Geburtstag schenken?

Unlängst blieb ich während eines gemeinsamen Spaziergangs mit verklärtem Blick vor einem Personenwagen stehen. Es war eine englische Nobellimousine.

„Was ist los?" fragte meine bessere Hälfte.

„Nun – wenn wir unseren jetzigen Wagen verkaufen, dazu deinen Nerzmantel, den du nur selten trägst, und wenn ich noch versuche, meine Münzsammlung an den Mann zu bringen, dann könnte ich dir... uns... zu deinem Geburtstag einen..."

Sie sagte nichts, sie sah mich nur an!

„Könntest du bitte das Bild, das wir vor fünf Jahren von Tante Erni geschenkt bekommen haben, endlich mal aufhängen", meinte sie ein paar Wochen vor ihrem Geburtstag.

Ich legte das Buch, das eben spannend zu werden versprach, aus der Hand, ging in den Keller, suchte und suchte und kam nach einer Stunde mit Hammer und Nägeln bewaffnet wieder herauf.

Meine Frau zeigte mir die für das Bild ihrer Meinung nach geeignete Stelle im Wohnzimmer.

Bei derlei Aktionen wünsche ich keine Zeugen und verbot allen Familienangehörigen, unseren Dackel eingeschlossen, für die Dauer meines Unternehmens den Zutritt zum Wohnzimmer. Als ich nach einer knappen Stunde den Ort des Geschehens zur allgemeinen Besichtigung freigab, sagte meine Frau, mit einem Seitenblick auf den schweren Hammer, den ich noch immer in meiner Hand hielt: „Liebling, meinst du nicht auch, daß das Bild besonders hoch hängt?"

Da ich nicht antwortete, sprach sie weiter: „Nimm es doch bitte ab und halte es einen halben Meter tiefer."

„Das ist nicht möglich", entgegnete ich ihr, „außerdem ist es modern, wenn ein Bild mal etwas höher hängt als die anderen."

Wortlos ging meine Frau aus dem Wohnzimmer, kam mit dem Küchenhocker zurück, kletterte hinauf und holte das Bild von der Wand.

„Deshalb hat es so lange gedauert", meinte sie mitleidig, als sie entdeckte, was das Bild verborgen hatte.

Mein Vorschlag schien ihr nicht zu gefallen, als ich sagte: „Ich könnte das Bild herausnehmen und nur den Rahmen aufhängen. Wenn ich die Löcher in der Wand etwas ausmale, dann..."

„Kommt, Kinder, wir fahren zu Omi", unterbrach sie mich, „wir müssen Papi jetzt alleine lassen." Und sie zerrte die Staunenden aus dem Zimmer.

Wie gut sie mich kennt!

Meiner Bitte, bis spät in den Abend bei Omi zu bleiben, wollte sie bereitwillig nachkommen.

Der Rest des Nachmittags reichte aus, die zahlreichen Löcher zu vergipsen, die Wand neu zu tünchen und die diversen Spuren der Mehrarbeit im wahrsten Sinne des Wortes zu verwischen.

Selten ein Schaden ohne Nutzen!

Während der Arbeit kam mir d i e Idee: Vielleicht schenkt uns Tante Erni irgendwann wieder ein Bild.
Ich werde meiner Frau zum Geburtstag eine Schlagbohrmaschine schenken!

Die erste Zigarette

„Geh weida, trau dir halt!" drängten meine Spezl. „Es sigt uns koana, mia genga in Kanal."
Vierzehn Jahre war ich schon alt und hatte bis zu diesem Alter noch keine einzige Zigarette geraucht, nicht einmal probiert.
In der Nähe der Siedlung, wo ich wohnte, wurde der kleine Stadtbach auf eine Länge von etwa 300 Metern unter eine Straße geleitet, ehe er in die Kanalisation mündete. Oft schon hatte ich mit meinen Freunden den Kanal „erforscht". Es war immer ein Erlebnis für uns. Man benötigte, um ihn in seiner vollen Länge zu durchwaten, Kerzen und Zündhölzer oder eine Taschenlampe.
Nur einer aus unserer Clique besaß eine Taschenlampe. Die mußte noch aus der Kriegszeit gestammt haben. Sie war olivgrün; mittels eines kleinen Hebels konnte man vor das Lampenglas eine rote oder grüne Glasscheibe schieben und sogar Blinkzeichen senden. Meine Eltern hatten mir verboten, den Kanal noch einmal zu begehen, nach-

dem ich bei der ersten Erforschung meine guten Sonntagsschuhe an-
hatte und diese dann in einem entsprechenden Zustand waren.

Und nun wollten meine beiden Spezl, daß ich meinen Mut zu rauchen
im Kanal beweisen sollte!

„Zuban" oder „Sioux", die bevorzugten billigen Marken, gab es damals in Fünferpackungen. Der Kramer verkaufte gelegentlich die Zigaretten auch einzeln. Aber keiner von uns hatte ausreichend Ta-
schengeld, das heißt wir hatten meistens überhaupt keinen Pfennig in
der Tasche. Nur im frühen Herbst, wenn wir Kastanien gesammelt
hatten und dann für einen Zentner bei der BAYWA ein Fufzgerl bekommen haben.

Aber jetzt gab es keine Kastanien; es war Frühlingszeit. An Zigaretten
heranzukommen, schien mir jedoch leicht.

„De Zigarettn bsorg i uns", verkündete ich selbstbewußt.

„Wiar möchstn des macha?" fragten meine Freunde, „du host doch aa
koa Goid wiar mia."

„Des is mei Problem", gab ich stolz zur Antwort.

Mein Vater war starker Raucher, man kann sagen ein Kettenraucher
– es war übrigens sein einziges Laster. Und ich dachte, wenn ich aus
seinen Zwanzigerpackungen ein paar Zigaretten entwendete, würde
er das gar nicht bemerken. Aber die Gewissensbisse plagten mich, und
deshalb vertröstete ich die Freunde von einem Tag auf den anderen.

Dann kam mir plötzlich eine Idee. Vaters Laune sank spontan auf den
Nullpunkt, wenn ihm sonntags die Zigaretten ausgingen und es ihm
noch dazu nicht möglich war, seine bevorzugte Marke zu bekommen.
In Automaten, wenn es diese damals schon gegeben hätte, wäre seine
Lieblingsmarke ohnedies nicht geführt worden: „Mercedes", flache
Zigaretten, feiner Orienttabak und teurer als die anderen. Es gab in
der kleinen Stadt nur ein Geschäft, das diese Marke für ihn führte.

Beinahe täglich entwendete ich aus den annähernd vollen Schachteln
eine, bisweilen sogar zwei Zigaretten, versteckte sie, um sie ihm dann
am Sonntag, wenn er keine Zigaretten mehr hatte und, wie schon erwähnt, seine gute Laune auf dem Nullpunkt angelangt war, anzubie-
ten.

Beim erstenmal war er nicht nur überrascht, sondern zunächst sehr
zornig, da er meine Handlungsweise als bösen Diebstahl bezeichnete.

Aber dann war er doch froh, daß ich ihm mit vier bis sechs Zigaretten aus seiner Verlegenheit helfen konnte. Der Sonntagabend war gerettet, der Familienfriede nicht länger gefährdet.

Nach der zweiten Woche belohnte mich mein Vater sogar mit einem Zehnerl. Die nächsten Wochen war es genauso. Und schließlich hatte ich soviel Geld beisammen, daß ich meine beiden Spezl und mich selbst mit je einer Fünferpackung „Sioux" versorgen konnte.

Eines schönen Nachmittags brachen wir dann auf, Richtung Kanal. Natürlich rauchte jeder von uns den gesamten Inhalt seiner Packung! Daß ich diese Tat fürchterlich büßen mußte – darüber ein Wort zu verlieren, dürfte sich erübrigen. Bevor aber Magen und Darm in Aktion traten, ereignete sich weit schlimmeres: Wir wurden verraten.

Ein Nachbar hatte uns auf frischer Tat ertappt.

Dieser Mann war ein ewiges Hindernis. Ständig hatten wir Jugendlichen Ärger mit ihm. Wollten wir im Hof Fußball spielen, dann hängte er demonstrativ mit seiner Frau Wäsche auf oder klopfte Teppiche aus. Als wir einmal versehentlich mit dem schweren Lederball die Fensterscheibe seines Wohnzimmers zertrümmerten, rückte er den Fußball erst wieder heraus, nachdem wir den Schaden auf Heller und Pfennig bezahlt hatten. Und das hatte lange gedauert! Aus Rache schnitten wir die Wäscheleine durch. Als er den Inhalt seines Nachtgeschirrs über uns entleerte, ließen wir tags darauf einen Schweizer Kracher in seinem Briefkasten detonieren.

Wir führten ständig eine Art Krieg mit diesem Menschen. Und jetzt hatte er uns beim Rauchen erwischt! Das heißt, erwischt hatte er nur mich. Meine Spezl erkannten die drohende Gefahr schneller als ich und konnten fliehen. Mich hielt er fest und zerrte mich dann hämisch grinsend aus dem Kanal.

Gerade als mich der Kerl am Schlawittchen hatte, kam mein Vater aus dem Büro nach Hause.

„Ich habe Ihren Sohn eben im Kanal beim Rauchen ertappt", verkündete triumphierend das Ekel, wohl in der Erwartung, daß mein Vater, dessen Strenge bekannt war, an Ort und Stelle seinem mißratenen Filius eine ordentliche Tracht Prügel verabreichen würde.

Aber es kam anders.

„So, so", gab mein Vater ruhig zur Antwort, und weiter: „Ich weiß,

daß mein Sohn raucht. Ab und zu rauchen wir gemeinsam eine Zigarette!"
In diesem Augenblick hätte ich meinen Vater am liebsten umarmt.
Aber ich behielt meine Selbstbeherrschung und streckte statt dessen
dem Ekel die Zunge heraus.
Erst als wir beide in unserer Wohnung waren, entlud sich das gewaltige Donnerwetter meines Vaters über mich.
Da inzwischen die Wirkung der fünf gerauchten Zigaretten eingesetzt
hatte, ich nur mit Mühe den gewissen Ort erreichte und stundenlang
glaubte, sterben zu müssen, verzichtete mein strenger Vater auf die
sonst sicherlich fällig gewesene körperliche Züchtigung und einen
mindestens vierzehntägigen Hausarrest.
„Du rauchst keine Zigarette mehr, verstanden!" sagte er nur zu mir.
Es war weniger eine Drohung. Es war ein Gebot, ein Gesetz, das ich
in der Tat nie verletzt habe.
Mit 18 Jahren rauchte ich Pfeife und ab meiner Volljährigkeit, mit 21
Jahren, nur noch Zigarillos und Zigarren.

Die ungeliebte Hose

Sie war nach Maß geschneidert, ockerfarben, großkariert – und sünd-
haft teuer gewesen. Meine Eltern hatten sie mit schwerverdienten
D-Mark Anfang der fünfziger Jahre auf Raten beim Schneider bezah-
len müssen.
Und sie kratzte. – Nein, sie biß! Sie biß meine empfindliche Haut, daß
diese ganz rot wurde. Ich haßte sie von dem Tag an, da der Schneider
an mir Maß genommen hatte: meine erste und – gottlob – einzige
Knickerbocker!
Die alte, dunkelblaue, bequeme, weiche, abgewetzte Trainingshose
mit den weit ausgebeulten Knien, die wie Kamelhöcker abstanden, in
der ich mich immer so wohl gefühlt hatte, durfte ich nur noch zum Ra-
deln oder zum Fußballspielen anziehen.
Die neue Knickerbocker war ab jetzt meine Schulhose.
Sie war noch schlimmer als mein erster Schulanzug, den ich zu Beginn
der 2. Volksschulklasse bekommen hatte: eine hellgraue Kombina-
tion, bestehend aus einem zu weiten Sakko mit zu langen Ärmeln und
einer Kurzen, die zu knapp geschneidert war. Im Winter mußte ich zur
Kurzen ein Strapsleiberl tragen. Mit alten Pfennigen wurden die braunen, oft gestopften langen Strümpfe festgehalten, die da, wo die Hosenbeine aufhörten, immer zu kurz waren, so daß ich an kalten Tagen
erbärmlich fror.
Aber lieber frieren als von seiner Hose gebissen werden!
Meine Mutter jedoch war streng und unnachgiebig, was meine Knik-
kerbocker betraf. Was blieb ihr auch anderes übrig! Das Haushalts-
geld war äußerst knapp bemessen, und eine andere oder gar zusätz-
liche Hose litt es damals nicht für mich.
Sie blieb auch streng, meine Mutter, als ich sie weinend bettelte, die
alte Trainingshose wieder als Schulhose anziehen zu dürfen. „Schäm
dich, Bub", sagte sie dann immer, „so eine teure Hose, und du willst
sie nicht anziehen!"
Meine Klassenkameraden meinten, ich hätte Läuse oder Flöhe von
unserem Dackel, weil ich mich während des Unterrichts ständig
kratzte, und mochten nicht mehr neben mir sitzen.

143

Daß es meine Knickerbocker war, wollten die meisten nicht glauben.
Ich wollte, nein, ich mußte diese verhaßte Hose schnellstens wieder
loswerden!

Mein Freund Thomas Hofstätter wußte Rat, als ich ihm mein Leid
klagte. „Machs doch hi, dann bist d as los", meinte er mitfühlend. Er
hatte auch gleich einen, wie er glaubte, todsicheren Plan: „Du kraxlst
einfach auf an Zaun aufi, hockst di, wenns d obn bist, auf a Zaunspitz
und rutscht oba", schlug er vor.

Ich bat mir Bedenkzeit aus, als Thomas gleich nach Unterrichtsende
die Idee in die Tat umsetzen wollte.

Den Rest des Tages und vor allem nachts plagten mich arge Gewissensbisse. Wie gerne hätte ich dem Vorschlag des Freundes zuge-
stimmt. Aber, was hätten die Eltern gesagt? Ich wußte doch, mit welchen finanziellen Opfern diese Hose für mich erstanden worden war.
Und dann hätte ich auch lügen müssen! Ich hätte doch nicht zugeben
können, daß ich die teure Knickerbocker absichtlich zerrissen hatte.

„Wos is jetz, pack ma heit de Sach mit deina Hosn?" fragte mich Thomas am nächsten Tag vor Unterrichtsbeginn.

Mein: „I trau mi net" als Antwort brachte unsere seit der 1. Klasse be-
stehende Freundschaft arg ins Wanken.

„Du Schisser!" sagte Thomas daraufhin verächtlich, und nach einer
Pause: „Dann wearst woi aa net mit mia und am Sepp nach da Schui
mitgeh."

„Wohi mitgeh?" fragte ich neugierig.

„Zum Müller-Garten", antwortete er so ganz nebenbei und wollte
gehen.

Ich packte ihn schnell am Arm, hielt ihn fest und fragte aufgeregt:
„Möchts es wirkle in Müller-Garten eisteign?"

Der Hofstätter Thomas zuckte lässig mit den Schultern und verkündete selbstbewußt: „S warat net s erstemoi!"

„Wos, wos wolltsn es – im Müller-Garten?" wollte ich wissen.

„Des geht di nix o", erwiderte mein Freund kühl und sachlich, „weil du
di ja do net traust."

Dergestalt an meiner Bubenehre gepackt, beharrte ich darauf, in das
Geheimnis eingeweiht zu werden. Aber Thomas blieb zunächst hart
und schüttelte nur seinen Kopf. Doch dann schien er Mitleid mit mir

zu bekommen, denn nach einer Weile meinte er: „Wenns d mitgehst mit uns, dann varotn mia dia, wos mia in dem Gartn wolln."

In den Müller-Garten einzusteigen, das war für uns Buben eine Art Mutprobe. Wie schauten wir Kleineren zu den Größeren respektvoll und bewundernd auf, wenn sie stolz von ihren Exkursionen in diesem Garten berichteten.

Für diejenigen, die noch nicht dort gewesen waren, schien er der Garten Eden zu sein. Obstbäume mit den süßesten Kirschen, den schönsten Äpfeln und Birnen, den größten Zwetschgen, Stachelbeeren und Johannisbeerstauden, schwer behangen mit ihren verlockenden Lasten, duftende Erdbeeren und vieles mehr zogen die Lausbuben besonders im Sommer und Herbst in diesen Garten. Mitten darin war ein großer Weiher angelegt, in dem sich prächtige Goldfisch und mächtige Karpfen tummelten. Und da war zudem noch, durch dichte Haselbüsche verdeckt, eine Hütte, deren Geheimnisse bislang noch keiner lüften konnte.

Was aber den Reiz des unerlaubten Forschens in diesem Garten vor allem und insbesondere ausmachte, waren die Schilder ringsum am mannshohen Zaun: „Betreten des Grundstücks verboten!" und die im Garten vereinzelt aufgestellten Tafeln: „Vorsicht, Legbüchsen!"

Oft schon hatte ich meine beiden Freunde gebeten, mich doch mitzunehmen in den Müller-Garten. Aber jedesmal hatten sie lachend und spottend abgelehnt, meist mit der Begründung: „Do ghörn Leut dazua und koane Frösch", wohl in Anspielung auf meine turnerischen Fähigkeiten.

Aufgeregt, und weil ich die Freundschaft nicht noch mehr gefährden wollte, folgte ich nach Unterrichtsschluß den beiden. Daß es daheim Strafe setzte, weil ich ja verspätet nach Hause kommen würde, traute ich den Freunden nicht zu sagen. Was geschehen würde, wenn die Eltern von meinem unerlaubten „Ausflug" erfahren sollten, wagte ich nicht auszudenken.

Nach wenigen Minuten standen wir drei vor dem hohen Zaun des Müller-Gartens. Mit seinen gußeisernen, verrosteten, generationenalten, beinahe zwei Metern hohen Umfriedungen schien er mir unüberwindlich zu sein.

„I huif dia scho aufi", zerstreute Sepp, der Stärkste von uns, meine Bedenken.

Da seine Hilfestellung nicht ausreichte, schob auch Freund Thomas kräftig mit. Schwitzend und angstschlotternd gelangte ich dann irgendwie und irgendwann doch auf den Zaun.

„Schnell, schaug daß d obikimmst, Leut kemma!" rief mir plötzlich Thomas zu.

Da ein Abspringen wegen der Höhe zu gefährlich erschien, wollte ich den Zaun hinunterrutschen. Daß sich dabei der Hosenboden der Knickerbocker in einer spitzen gußeisernen Stange verfangen hatte, bemerkte ich erst, als ich glücklich auf dem Boden angekommen war.

Thomas und Sepp, die müheloser und ohne Probleme den Zaun überklettert hatten, strahlten voller Freude, als sie den Schaden an meiner Hose sachkundig beäugten.

„Bärig, jetz bist dei Hosn los. De ko dei Mama nia flicka", stellte Sepp fachmännisch fest.

„Jetzt kemma uns wieda schleicha", lachte Thomas. „I woaß a Stell, do kemma durchn Zaun durcheschlupfa." Und er fügte hinzu, als er in mein verdutztes Gesicht schaute: „Machs Mäu zu, sonst fliang dia dSchweiberl nei!"

Allmählich begriff ich: Die Freunde hatten auf ihre Weise mein Problem gelöst. Meine Freude über diese gelungene Tat wich aber rasch einer wie sich herausstellen sollte berechtigten Angst vor dem Donnerwetter zu Hause.

Sepp bot sich an, vorzubauen und als erster den Schaden zu melden, um den Zorn meines strengen, aber doch stets gerechten Vaters zu entschärfen. Was er alles zu meinem erbosten Vater gesagt hat, habe ich nie erfahren. In Erinnerung aber ist die Tracht Prügel geblieben, die ich an Ort und Stelle verabreicht bekommen habe, als ich mich im Treppenhaus blicken ließ.

„Merk dir, Bub", sagte mein Vater nach der Züchtigung, „wenn man etwas anstellt, dann muß man auch Manns genug sein, zur Tat zu stehen. Jetzt weißt du hoffentlich, weshalb ich dich bestrafen mußte!"

Und die Knickerbocker? – Ich war sie zunächst los. Ohne Kommentar hatte sie meine Mutter an sich genommen, und ich durfte wieder meine geliebte, blaue, alte, ausgebeulte Trainingshose anziehen.

Und ebenso kommentarlos bekam ich die Knickerbocker nach drei Tagen wieder zurück. Auf dem Hosenboden einen eßtellergroßen, kreisrunden Flicken aus einem Stoffrest, der dem Schneider wohl von einem Kommunionanzug übriggeblieben war.

Die Fliege
oder
Operndreß anno dazumal

Es mag heute vielleicht verwunderlich erscheinen, daß man zu meiner Jugendzeit erstmals mit 18 Jahren eine Opernaufführung erlebte.
Der Musikprofessor des Gymnasiums hatte die Fahrt nach Augsburg organisiert. Mozart stand auf dem Programm.
Nun interessierte man sich als „Halbstarker" verschrieener Schüler nicht unbedingt für die „Zauberflöte", aber die angeschwärmte „Flamme" aus der Klasse hatte sich zu dieser Fahrt gemeldet. Eigentlich war es völlig egal, wohin der Bus fahren und welcher Veranstaltung man beiwohnen würde. – Wenn man nur bei i h r sein konnte!
Probleme bereitete die geeignete Garderobe.
In die Oper die geliebte Jeans anzuziehen, das hätten sich damals die Kühnsten und Verwegensten nicht getraut. Aber erst zum Abitur sollte es einen dunklen Anzug geben.
Wie tröstlich, daß Vater bereit war, seinem Sohn mit dem „guten" Nachkriegsanzug auszuhelfen. Aber die erste Anprobe war deprimierend: Die Zentimeter, die der Sohn größer als der Vater war, fehlten ihm in der Schulterbreite und ebenso im Bund. Mit Hosenträgern ließ sich nur wenig ausgleichen. Und auch das Nähgeschick der Mutter konnte nur einiges wettmachen.
Mit dem weißen Hemd erwies es sich ähnlich wie mit dem Anzug: Dafür, daß die Ärmel zu kurz waren, war der Hemdkragen zu weit – was vom gesundheitlichen Standpunkt oder gar von der Bequemlichkeit aus betrachtet durchaus kein Nachteil gewesen wäre. Aber – wie sah man aus!

147

Das Versetzen der Knöpfe brachte auch nur geringfügige Abhilfe. Als nächstes ging es um die Schuhe. Aus heutiger Sicht betrachtet lebte die Jugend von damals noch in der modischen Steinzeit, denn Turnschuhe benutzte man nur beim Sport. Gummistiefel schienen als Schuhwerk für den Opernbesuch so ungeeignet wie die Sandalen oder das einzige Paar braune Halbschuhe. Vater brachte schließlich nach langem Suchen eine alte Schachtel vom Speicher: Schwarz glänzende Lackschuhe, vermutlich seine Hochzeitsschuhe, holte er stolz daraus hervor.

Sie waren aber für meine Füße zwei Nummern zu groß. Tagelang probte ich das Gehen. Zwei Paar dicke Wollsocken konnten das Defizit nicht ausgleichen. So gewöhnte ich mir einen schlurfenden Gang an, um ja nicht aus den Schuhen zu kippen.

Die Garderobe war allmählich komplett, bis auf die Krawatte. Vaters Kollektion beinhaltete so ziemlich alle Variationen der letzten Jahrzehnte: vom Schnürsenkelformat bis zur Cinemaskope-Ausführung, spitz zugeschnitten, abgerundet und gerade, bunt kariert und gestreift, getupft und einfarbig, schillernd glänzend und dezent matt. Sogar zwei überaus moderne Exemplare konnte ich entdecken – reines Plastik. Keine Krawatte aber schien geeignet für das bevorstehende festliche Ereignis.

Tags darauf brachte Vater ein Geschenk mit nach Hause, ein kleines, blaues, mit silberfarbenen Streifen durchwebtes Stoffstück. Das, klärte Vater seinen unwissenden Sohn auf, sei eine Fliege, passend zum dunklen Anzug, geeignet für die Oper.

Der bewußte Tag kam näher und näher. Dann war es soweit. Stunden vor Abfahrt des Busses wurde ich von den Eltern „eingekleidet". Mit Herzklopfen verließ ich den sicheren Hort.

Bisweilen hat auch der Mensch des zwanzigsten Jahrhunderts seine Vorahnungen. Irgendwelche Instinkte werden plötzlich wach, die einst vielleicht das Überleben unserer Vorfahren garantierten. Und diese Vorahnungen ließen nichts Gutes erwarten!

Es begann auch prompt damit, daß ein Klassenkamerad – der Rivale! – obwohl er fast eine Stunde nach mir zum Bus gekommen war, den Sitzplatz neben meiner „Flamme" erobern konnte.

Es lag daran, daß es der Herr Musikprofessor besonders gut mit mir meinte, mich ansprach und mir dann den Platz im Bus an seiner Seite anbot. Er wollte mich während der gut einstündigen Fahrt in das Leben und Werk Mozarts einweisen, was seiner Meinung nach unbedingt nötig war, da ich im Fach Musik... aber, lassen wir das! Meine unmündigen Kinder könnten etwas erfahren, was sie bis heute noch nicht wissen.

Das Sitzen neben meinem Musiklehrer und das Zuhörenmüssen ließen allmählich Schweißtropfen auf meiner Stirne ausbrechen, daß er meinte, ich hätte doch besser zu Hause bleiben sollen, da ich vermutlich Fieber, vielleicht sogar Grippe hätte.

In Augsburg, beim Aussteigen aus dem Omnibus, passierte es dann: Ich verlor den rechten Schuh. Als ich mich nach ihm bücken wollte, löste sich der Hosenträger. Ich fühlte mich entblößt bis auf die Haut, als ich merkte, wie sich das linke Hosenbein ungewöhnlich verlängerte.

Beim nächsten Schritt trat ich dann auf dieses Hosenbein, kam ins Stolpern und verlor nun auch den linken Schuh.

Ohne jedoch größeres Aufsehen zu erregen, bekam ich beide Schuhe zu fassen, merkte aber erst im Foyer des Theaters, daß ich sie verwechselt hatte. Ich muß ausgesehen haben wie Charlie Chaplin! Rasch mischte ich mich unter eine größere Gruppe, konnte im Dunkeln während der Ouvertüre die Schuhe austauschen und entdeckte dann meine Angebetete genau hinter mir, als sie mich deutlich vernehmbar zischend zur Ruhe mahnte.

Eine ältere Dame, die rechts neben mir saß, räusperte sich zudem einige Male recht auffällig. Meine Nervosität und das Hantieren mit den Schuhen schien sie in ihrem teuer bezahlten Kunstgenuß empfindlich zu stören.

Plötzlich kitzelte mich etwas am Kinn, und ich mußte ständig kratzen. Es war nicht der spärlich sprießende Bart, der juckte. Nein, es war die Fliege! Wie ein Propeller folgte sie den Bewegungen des aufgeregt hüpfenden Adamsapfels und stieß dabei mit der Spitze an mein Kinn. Ich konnte das Ding drehen und wenden wie ich wollte, immer wieder war eine Spitze am Kinn und kitzelte.

Ob ich nun den Kopf nach links oder rechts drehte, ihn senkte oder hob, immer berührte dieses verfluchte Gezierde mein Kinn.

Als sich dann die erste Pause mit tagheller Beleuchtung über mich ergoß, da hätte ich viel darum gegeben, wenn ein technischer Defekt, ein Stromausfall oder etwas ähnliches den Saal wieder in Dunkelheit gehüllt hätte.

Noch schlimmer aber wurde es während der großen Pause. Wieder war es taghell im Saal, und nun drängten alle Opernbesucher hinaus. Jetzt hätte ich alles gegeben, wenn ich in einer Versenkung hätte untertauchen können.

Das sind die Sekunden des Lebens, die einem Jahre später die ersten grauen Haare einbringen und die ersten tiefen Falten ins Gesicht schneiden!

Meine Stoßgebete waren erfolglos. Es blieb taghell. Und da das Publikum hinausdrängte, wurde ich in diesem Sog mitgerissen. Mit hochrotem Kopf und senkrecht stehender Fliege stand ich verloren und hilflos in der Menge.

Das Vortäuschen von Halsschmerzen und Abdecken der Halspartie mit der Hand rettete mich nur für Minuten. Ein freundschaftlicher Klaps meines Musikprofessors auf den Rücken mit dem Hinweis, daß es eine ausgezeichnete Inszenierung sei, verbunden mit der Frage, wie mir denn Papageno gefiele, ließ meine schützende Hand kraftlos nach unten sinken.

Die fragenden Blicke der Klassenkameraden, das Getuschel und Gekicher der Mädchen, die fixierenden Blicke der Fremden hätten mich sicherlich zu Boden gezwungen, wenn ich nicht plötzlich einen Opernbesucher entdeckt hätte...

Meine Kette von Stoßgebeten war doch erhört worden! – Ich sah einen älteren Herrn, der, sichtlich mit einem ähnlichen Problem konfrontiert, vor einem Spiegel stand, um den Sitz seiner Fliege zu korrigieren. Jetzt erfuhr ich auch, wozu die beiden steifen Pappflügel auf der Rückseite des Stoff-Undings bestimmt waren, als ich sah, wie jener Herr diese unter die Kragenenden seines Hemdes plazierte.

Mit der korrekt sitzenden Fliege wuchs das Selbstbewußtsein, wurde die Opernaufführung zu einem Erlebnis, das mir Mozart und später dann viele andere Meister zu Lebensbegleitern werden ließ, ohne die unser Leben heute mehr denn je farblos, leer und armselig wäre.

Bleibt noch zu erwähnen, daß ich während der nächtlichen Heimfahrt im Bus neben meiner „Flamme" zu sitzen kam...

Fingeraushakeln

Ich hätte es wissen müssen, hätte es in ihren Augen erkennen können, daß sie etwas vorhatten, die Väter meiner Schulkinder und die Burschen des kleinen niederbayerischen Dorfes...
Als Gründungsmitglied und Schriftführer des noch jungen Schützenvereins war es selbstverständlich, daß ich am Schützenball teilnahm.
Der Saal im Dorfwirtshaus war an dem Abend brechend voll, und die Trachtenkapelle aus der benachbarten Kreisstadt spielte fleißig und vor allem sehr laut.
Das wilde Tanzen brachte bald die Ballbesucher ins Schwitzen, und das machte Durst. Der Wirt kam kaum mit dem Bierausschenken nach, und die beiden gewichtigen Kellnerinnen schleppten Maßkrug um Maßkrug an. Etwa zwei Stunden nach Mitternacht war die Stimmung auf dem Höhepunkt, und die meisten Mannsbilder hatten bereits hochrote Köpfe, und das kam nicht nur vom Tanzen!
Einer kam auf die Idee, den hochwürdigen Herrn Pfarrer, der ebenfalls zugegen war und nicht mehr ganz nüchtern, mit allerlei Grün und Zierat zu schmücken; er sah aus wie ein exotischer Häuptling. Sie drehten ihn im Kreise und trieben allerlei Schabernack mit ihm. Sie ergötzten sich mit lautem Gelächter und wildem Gegröle an dem von ihnen inszenierten Schauspiel.
Um Ruf und Ehre des alten Kirchenmannes nicht noch mehr zu gefährden, unterbrach ich mutig das derbe Spiel und brachte den Herrn Pfarrer nach Hause.
Es war ein Fehler, daß ich noch einmal ins Wirtshaus zurückkehrte. Aber da war ein hübsches Mädel, und ich war ein junger Mann, und...
Ich hätte es wissen müssen, hätte es in ihren Augen erkennen können, daß sie etwas vorhatten mit mir: der Kramer, der Wagner, der Schmied, der Bäcker und all die anderen, als sie einen Halbkreis um mich bildeten, kaum daß ich wieder den Saal betreten hatte.
„Gell, Lehrer, du bist a Preiß!" frotzelte der Bäck, der Bäckermeister des Dorfes.
„Du woaßt, Bäck, daß i koana bin", gab ich ruhig zur Antwort.
„Und i sog, daß du a Preiß bist, Lehrer!" forderte mich ein zweitesmal

der Bäck heraus und blickte triumphierend in die Runde, die ihn bewundernd und wortlos bestärkte.

„Bäck, a drittsmoi sogst des nimma!" konterte ich zornig, aber immer noch, zumindest nach außen, beherrscht. Und ich ergänzte noch: „Du woaßt genau, daß i a Niedabaya bin wiar du und de andan do!"

Nun baute sich der Sprecher noch mehr vor mir auf. Er war etwa so groß wie ich, also über einen Meter achtzig, aber wahrscheinlich doppelt so schwer und mindestens dreimal so stark wie ich.

„Und jetzt sog is a drittsmoi", drohte er, ging einen Schritt auf mich zu und sprach langsam, aber recht laut, daß es alle hören konnten: „Lehrer, du bist a Preiß!"

Es war mäuschenstill geworden im Saal. Alle standen um uns herum und warteten, was nun geschehen würde.

„I hob di gwarnt, Bäck", sagte ich nun zornig und ebenfalls deutlich hörbar für alle. Holte weit aus und gab ihm eine schallende Ohrfeige.

Für einen Augenblick blieb er starr, reagierte nicht, dann ging er grinsend und mit tückischen und böse blickenden Augen auf mich zu. Fast berührte er meinen Körper. Langsam nahm er meine linke Hand mit seiner rechten Pranke, hielt sie fest wie in einen riesigen Schraubstock gepreßt, und mit seiner Linken zog er ganz schnell an meinem Ringfinger. Dann ließ er mich mit meinem ausgerenkten Finger stehen, kehrte ruhig zu seinem Platz zurück und leerte in einem Zug den fast vollen Maßkrug.

„Wer duad ma jetzt den Finga wieda nei?" fragte ich in die Runde, die sich allmählich auflöste.

Nur ein Schulterzucken der Umstehenden.

Das Fingergelenk war inzwischen stark angeschwollen, da erbarmte sich die Frau des Täters und rief den Arzt an; sinnigerweise den Tierarzt vom Nachbarort.

Der kam dann auch so gegen 4 Uhr früh und brachte mit roher Gewalt den lädierten Ringfinger wieder in seine Ausgangsstellung zurück. Es schmerzte für einen Augenblick höllisch. Der Tierarzt wickelte einen dicken Verband um den wehen Finger, goß mir einen dreifachen Enzian als Medizinersatz in die Kehle, klopfte auf meine Schulter und verabschiedete sich mit den Worten: „Des vagheht scho wieda, bisd vaheirat bist!"

Nun klopften auch andere auf meine Schulter, sogar der Bäckermeister. Und er spendierte auch noch eine Extramaß.

Der Ball war an einem Freitagabend; anderntags hatte ich Unterricht. Ich ging die Nacht auf Samstag nicht mehr zu Bett, hielt mich mit ein paar Tassen starkem Kaffee wach und schluckte mehrere Schmerztabletten, denn der Finger tobte.

Pünktlich, eine Viertelstunde vor Unterrichtsbeginn, stand ich in meinem Klassenzimmer. Zufällig schaute ich kurz vor 8 Uhr aus dem Fenster und sah eine Frau Richtung Lehrerhaus gehen.

„Guat Morgn, Bäckin", grüßte ich vom Fenster herab, „wo gehstn Du hi?"

„Wos, Herr Lehra, du bist scho in da Schui?" sprach erstaunt die Frau.

„Gell, do schaugst!" antwortete ich. „Host mi wecka wolln? Aba woaßt, Dienst is Dienst und Schnaps is Schnaps!"

Ab diesem Samstag hatte ich als Neuling im Dorf die Sympathien der Leute gewonnen. Keiner frotzelte mehr, ich wurde respektiert.

Als ich nach ein paar Tagen den Verband vom Finger wickelte, stellte ich fest, daß das Gelenk des linken Ringfingers wesentlich dicker war als das des rechten.

Am nächsten Wochenende fuhr ich nach Hause, in meine oberbayerische Heimatstadt, und konsultierte meinen Hausarzt. „Das Fingergelenk wird wohl immer etwas dicker bleiben", meinte er nach der Untersuchung mitfühlend. „Mit einem Verlobungsring wird es etwas schwierig werden."

Ein Jahr später habe ich mich verlobt. Mit der jungen und hübschen Tochter meines Hausarztes. Ich brachte den Ring über das Fingergelenk, aber herunter bringe ich ihn nur noch schwerlich. Wozu auch?

Wieder ein halbes Jahr später war Hochzeit...

Das Original
oder
An höchster Stelle

Als meine Mutter das kleine Dorf sah, in dem ich als Junglehrer meine erste Dienststelle antreten sollte, weinte sie.

Für sie war es ein tristes Dorf, das Dorf im Herzen Niederbayerns, mit seinen etwa hundert Seelen und der zweiklassigen Schule.

Eine ältere Kollegin unterrichtete den 1. mit 3. Jahrgang; für mich blieben die Klassen 4 mit 8 – damals gab es in Bayern ja noch kein 9. Schuljahr – mit 56 Buben und Mädchen. Die wenigsten Kinder stammten aus dem Dorf; die meisten kamen aus den näher und oft auch ferner gelegenen Einödhöfen und Weilern zur Schule.

Pfarrhof, Kirche, „Lehrerhaus" und Schule standen einträchtig nebeneinander. Zentrum war das große Wirtshaus mit seiner Metzgerei, daneben gab es eine Bäckerei und den Kramerladen, der auch sonntags, nach dem Gottesdienst, geöffnet war.

Auch gab es einen Wagner und einen Schmied. Der Wagner verwaltete zudem eine kleine Poststation und bewirtschaftete mit seiner Familie einen mittleren Bauernhof. Auch der Schmied und der Kramer, ebenso der Bäcker hatten eine Ökonomie. Drei große Höfe gehörten noch zum Dorf. Der größte war der vom „Moar", dem Dorfbürgermeister.

Als ich mich vor Dienstantritt beim Herrn Pfarrer vorstellte, eröffnete mir dieser, daß er einen viehlosen Haushalt habe. Ich hielt es für normal, daß unsere bayerischen Dorfpriester, im Gegensatz zu den südtirolerischen, keine Landwirtschaft betrieben. Er aber belehrte mich, daß er ohne Hauserin, ohne Haushälterin lebe!

Während des ersten Dienstjahres erfuhr ich, daß die kleine Dorfschule, dem unseligen Trend der Zeit folgend, aufgelöst und dem größeren Nachbarort zuerkannt werden sollte. Dort saß ein einflußreicher adliger Herr, Mitglied des Bayerischen Landtags und bestrebt, seinem Ort durch eine zentrale Schule eine Aufwertung zukommen zu lassen.

Der Dorfbürgermeister, der „Moar", aber versuchte, unter allen Umständen seinem kleinen Ort die Schule zu erhalten, die seit vielen Generationen zu diesem Dorf gehörte wie Pfarrhof und Kirche.

„Du, Herr Lehrer, fahrst aa mit auf dRegierung?" fragte er mich eines Tages und erklärte: „Es geht um unsane Schui! – Unser Herr Hochwürden fahrat aa mit."

Natürlich war ich bereit, mitzufahren. Auch mir lag die Schule am Herzen, und ich unterhielt mich gern mit unserem Herrn Pfarrer. Während der Fahrt würde ich wieder einiges von ihm lernen können, denn er war ein kluger, sehr belesener Mann. Da er auch von tiefgründigem Humor beseelt war, würde es sicherlich nicht langweilig werden.

Der Herr Pfarrer war einerseits im Dorf d i e Autorität, andererseits aber leider auch oft Anlaß des Spottes und der Frotzelei. Das lag daran, daß Hochwürden allzugerne dem flüssigen Brot zusprach – er hatte ja auch keine Hauserin! Dies zeitigte natürlich nicht selten Folgen. Ein Kollege aus dem Nachbardorf erzählte mir einmal folgende Begebenheit:

Hochwürden hatte wieder einmal zum Mittagessen, besser gesagt anstatt Mittagessen, das geliebte dunkle flüssige Brot zu sich genommen. Als er genug hatte, bestieg er umständlich seinen Wagen, einen kleinen Sportzweisitzer – das Geschenk seiner Kirchengemeinde, wie er mir einmal verriet – und startete. Dabei fuhr er den Wagen des Wirts an. Als er ihn ein zweites Mal rammte, kam der Wirt, der den Vorfall beobachtet hatte, langsamen Schrittes aus seiner Gaststätte und nahm mit den Worten: „Jetzt glanglts, Herr Pfarrer!" diesem die Autoschlüssel ab. Dann kehrte er ebenso langsam wieder in seine Gastwirtschaft zurück.

Doch der Herr Pfarrer hatte die Ersatzschlüssel in der Tasche, startete erneut sein Auto und schrammte ein drittes Mal den schon lädierten Wagen. Nun war es mit der Ruhe und Gemütlichkeit des geschädigten Wirts vorbei, und er telefonierte nach der Polizei.

Bis die Beamten in Grün aus der benachbarten Kreisstadt eintrafen, hatte der Herr Pfarrer seinen Pfarrhof, der nur ein paar Kilometer vom Ort des Geschehens entfernt war, sicher erreicht. Vermutlich hatte er sogleich sein Bett aufgesucht, denn nicht einmal langes und stürmisches Läuten und Pochen an der Türe konnte ihn herauslocken. Aber was half es? Wochen später kam es zum Prozeß. Das war wieder eine Sensation für das kleine Dorf, und beinahe alle Männer waren im Gerichtssaal Zuschauer und Zuhörer während der Verhandlung. Der Führerschein des Herrn Pfarrer wurde eingezogen. Und als der Richter dem Gottesmann das letzte Wort erteilte und ihn fragte, ob er noch etwas zu sagen habe, antwortete dieser lakonisch: „Wiar kim i nacha jetz hoam?"

Es war an einem Donnerstag, Anfang Mai, um die Mittagszeit, als Hochwürden und ich in den alten Diesel unseres Bürgermeisters einstiegen, um nach Landshut zur Regierung von Niederbayern zu fahren.

Der Herr Pfarrer trug seinen alten, abgetragenen schwarzen Anzug. „Da anda war ma lieaba", sagte er und deutete auf seine Kleidung. Er meinte seinen trachtenen Anzug.

Selbst bei Regen saß er, unter einem riesigen Schirm geschützt, im Garten und las s e i n tägliches Brevier. Schiller oder auch Goethe, am liebsten aber las er Homers Ilias und Odyssee; auch dies hatte er mir verraten. Ich war stolz, sein Geheimnis zu kennen, und erinnere mich noch gut, wie er mich verschmitzt anlächelte, dann den rechten Zeigefinger auf seine Lippen legte, als Leute grüßend am Garten vorbeigingen, während ich einen Blick in sein „Brevier" werfen durfte.

Die Schulkinder gingen, wann und wo immer sie ihn sahen, auch bei großer Entfernung, vor ihm in die Knie und grüßten laut, indem sie das Kreuzzeichen schlugen: „Gelobt sei Jesus Christus, Herr Pfarrer." Er deutete einen Segen an und antwortete mit: „Ewigkeit, amen." Die kleinen Kinder grüßten auch sein Auto!

Bei den zahlreichen Bittgängen fuhr Hochwürden mit seinem Coupé inmitten der betenden Frauen und Männer, denen die Schüler mit ihrer Lehrerin und ihrem Lehrer zu folgen hatten. Der etwa sieben Kilometer lange Weg zum Nachbarort, wo er dann die heilige Messe zelebrierte, schien ihm zu beschwerlich. Während des Fußmarsches mußten die Gläubigen, auch die Kinder, ständig den Rosenkranz beten. Fürchterlich wütend wurde er einmal, als er erfahren hatte, daß ich den Kindern erlaubte, bergauf still zu beten. „Des war ollawei so, do weard nix gändert, des merkst dia, Herr Lehrer!" gab er zornig zur

Antwort, als ich meinte, es wäre doch zu anstrengend für die Kleinen. Alles Moderne lehnte er kategorisch ab. Er las auch, obwohl längst geändert, die Messe weiterhin in lateinischer Sprache. Seine Begründung: „De Leut sans gwohnt und vastengas!"

Samstag vormittag war damals noch Unterricht, und regelmäßig, nach der Pause, verließen die Achtkläßler das Schulzimmer wortlos und kamen erst kurz vor Mittag, vor Unterrichtsschluß zurück. Sie mußten die Straße vor Kirche und Pfarrhof kehren!

Als ich meinte, dies könnten die Burschen doch in der Freizeit tun, am Nachmittag, sah er mich beinahe verächtlich an und meinte: „Du host a Ahnung, Herr Lehrer, do miassns doch am Hof arbatn!"

Es blieb beim alten Brauch!

„Herr Lehrer, wia hoaßt nacha der und wos is er denn der, zu dem mia fahrn?" fragte mich der Herr Pfarrer nach den ersten Kilometern unserer Reise nach Landshut.

„Des is da Herr Regierungsoberschuldirektor Greinmüller", antwortete ich ihm.

„Regierungsoberschuldirektor Greinmüller... Regierungsoberschuldirektor Greinmüller... Regierungsoberschuldirektor...", murmelte er leise immer wieder vor sich hin.

Während meines ersten Dienstjahres durfte ich während des Religionsunterrichtes in der 1. mit 3. Klasse beim Herrn Pfarrer hospitieren. Er lehrte die Kleinsten schon lateinische Ausdrücke.

„Ora et labora? – Sepp, übersetzen!" Wehe, wenn der Achtjährige nicht übersetzen konnte!

„Wos hoaßt auf Griechisch: Wer Knecht ist, soll Knecht bleiben – Marai?" fragte er eine Drittkläßlerin. Dann strahlten seine hellblauen, verschmitzten und doch so gütigen Augen, wenn das Marei, die Klassenbeste, fehlerfrei antwortete: „Ho doulos estin, doulos menein, Herr Pfarrer!"

Und dem Franzl, der sich halt gar so schwertat mit dem Griechisch und Latein, legte er das Büchlein mit den Sprüchen auf die Bank und spornte ihn an: „Tolle lege, tolle lege! – Nimm und lies! Nimm und lies!"

Ja, er war schon eine Persönlichkeit, der Kirchenmann des kleinen niederbayerischen Dorfes, der es „nur" bis zum Expositus gebracht hatte. Von meinem Vorgänger, den ich irgendwann einmal kennengelernt hatte, erfuhr ich, daß unser Herr Pfarrer sich in der schlimmen Zeit der Diktatur nicht gebeugt und in der Zeit, da die meisten schwiegen, frei seine Meinung geäußert hatte. Selbst Jahre in Dachau hatten seine Persönlichkeit nicht zerstören können.

„Merk dia, Herr Lehrer, jeda hot sovui Recht, wiar er Macht hot", bemerkte Hochwürden, als wir vor dem Regierungsgebäude in Landshut dem Wagen des Bürgermeisters entstiegen waren.

Wir waren angemeldet und wurden nach kurzer Wartezeit zum obersten Chef der niederbayerischen Volksschulen vorgelassen. Dann, bei der Begrüßung unseres Seelsorgers – war es Absicht oder nicht: „Grüaß Gott, Herr Regierungs... Herr Regierungsober... Herr Regierungsober dings... Hergottsakradi, jetz hob is wieda vagessn!"

Als der so begrüßte Herr großzügig bemerkte: „Ganz einfach, Herr Pfarrer: Mensch Greinmüller", da schmunzelte unser Seelenhirte und meinte: „Mensch? – Mensch, des dad mia scho gfolln."

Die Audienz dauerte nicht sehr lange. Als man unserem „Moar" eröffnete, die Auflösung der Schule sei bereits beschlossene Sache, knallte dieser seinen Hut, den er nicht abgenommen hatte, auf den Schreibtisch des Herrn Regierungsoberschuldirektors und sagte sehr laut: „Wenn meine Vorfahren Raubritta gwen warn, wiar dem seine" – er meinte den adligen Landtagsabgeordneten aus dem Nachbarort –, „dann hätt i jetz de Schui. Saustoi, varreckta!"

Gerne hätte ich auch noch etwas gesagt, aber da packte mich Hochwürden am Arm und meinte abschließend: „Kemmts Manna, geng ma, kauf ma uns a Hoibe!"

„Recht hams, Hochwürden, schod um dZeit", stimmte unser Bürgermeister bei, und wir verließen den staunenden Herrn Regierungsoberschuldirektor.

Nachrichten

„Also gut, die Nachrichten darfst du noch anschauen, dann aber schnell ins Bett!" sagte ich vor Jahren eines Abends zu unserer Tochter Ruth. Sie war nicht ganz acht Jahre alt.
Meine Frau blickte mich strafend an, entgegnete aber nichts.
Deshalb meinte ich, für meine Entscheidung sei eine Erklärung notwendig: „Die Kinder müssen heutzutage politisch gebildet werden und frühzeitig von den Ereignissen des Weltgeschehens erfahren."
Egal, was gerade im Fernsehgerät gezeigt wird – die Zeit ist für mich viel zu kostbar, als daß ich sie nur für den Bildschirm verschwenden würde. Deshalb korrigierte ich an jenem Abend während der Tagesschau Geschichtsproben meiner Schülerinnen und Schüler.
Nur ab und zu blickte ich flüchtig zum Gerät, während unser Töchterchen aufmerksam das Geschehen verfolgte.
Ich war nur überrascht, daß meine Frau – trotz der üblichen negativen Berichterstattung – lächelnd sagte: „Du mußt Papi nochmal fragen, Ruth; er hat dich nicht verstanden."
So fragte sie dann ein zweites Mal: „Du Papi, wo liegt denn Bei-Rasso?"
„Wie bitte?" gab ich erstaunt zur Antwort.
Wo denn Bei-Rasso liegt?" Und die Kleine ergänzte noch: „Ist das auch eine Stadt in dem Libanon wie Beirut?"
Nun hatte ich begriffen. Sie war stolz, daß ihrer Meinung nach eine Stadt existierte, die ihren Vornamen führte. Und da sie ihren fünfjährigen Bruder Rasso sehr gern hatte, wollte sie wissen, wo denn nun die Stadt seines Vornamens liege.
Sie mochte es nicht glauben, daß die libanesische Hauptstadt nichts mit dem Vornamen Ruth zu tun hatte. Als ich ihr zu erklären versuchte, daß es in Verbindung mit dem Vornamen Rasso überhaupt keine Wortverbindung gibt, war sie sehr enttäuscht.
„Fernsehen ist blöd", sagte sie, gab meiner Frau und mir den Gute-Nacht-Kuß und ging zu Bett.

Wiar a kloans Kinderl bet

Schutzengerl, i bitt,
wenn i morgn wieda an Kakau vaschütt,
laß dMama net grantig wearn.
Du woaßt ja, i dua des net gern.
Kannst d net wos doa?
I bin so vui alloa –
daß da Baba und a dMam,
de song, daß recht gern mi ham,
meahr Zeit für mi aufbringa.
Mit miar spuin, lustig san und singa.
Kannst eana net schicka a Packerl Ruah?
Im Himme gibts doch davo grod gnua.
Sie song oiwei, sie warn im Streß.
Wos wichtigs no: Bittschön vergeß
net, um wos i di oiwei bitt.
I hätt so gern, kriag aba nit
a Hunderl, a Katz, a kloans Viechal,
wiar se gmoit san in meine Büachal.
Zum Liabham wos, hab doch Erbarmen,
liaba Schutzengel, amen.

Maria Verkündigung

1. a En-gl vom Herrn is kom-ma, zu a-ra Jung-frau rein. Sie hat die Wort ver-nom-ma: Ge-be-ne-deit sollst sein! A Kin-dl wirst em-pfan-ga, des werd zum Heil der Welt! Weils da he-runt seit lan-ga mit-m Guat-sei arg weit fehlt.

2.
So hats der Herrgott auftragn,
weil er barmherzig is.
Und Du brauchst gar koa Angst ham,
a Ehr für Di is gwiß.
Erlöst die Menschen werden,
von ihrer großen Sünd –
und Fried werd auf der Erden,
durch dieses heilige Kind.

3.
Maria, im Herzn drinna,
wars zerst a wengerl bang.
Doch tuat sa si glei bsinna,
es dauert gar net lang,
da werd sie froh und seelig
und danket Gott, dem Herrn.
Wir Menschen warten fröhlich
auf unsern neuen Stern.

Willi Simader
ist in Weilheim geboren, aufgewachsen und seßhaft geblieben, war bis
vor einigen Jahren Bankteilhaber und Leiter der Volkshochschule;
jetzt ist er Reisebüroinhaber. Mehrere Theaterstücke gingen über ört-
liche Bühnen, in Druck gegeben wurde die Komödie „Einmal Himmel
und zurück". Hintergründig heiter ist das Gedichtbändchen „Schmun-
zelalphabeth", während die vier Gedichtbände unter dem Sammeltitel
„Ein Schüppl Gamsbarthaar" auf Frohsinn und Übermut ausgerichtet
sind. In diesem Buch finden sich neben heiteren Lausbubengeschich-
ten auch besinnliche Beiträge und machen damit auch mit den ernste-
ren Anliegen des vielseitigen Autors bekannt.

Der Nikolaus

Es war am 5. Dezember. Wir sind im Wohnzimmer gesessen: mein Vater, meine Mutter, meine Schwester und ich. Plötzlich hat es unten im Hausgang geklirrt, und wir haben gemeint, es ist der Nikolaus mit seinen Ketten. Es waren aber keine Nikolausketten, sondern die Porzellanfigur vom Hausgang. Man hat auch noch gehört, wie jemand geflucht hat: „Sowas muß einem gerade jetzt passieren!" Der Vater und die Mutter haben sich angeschaut, aber sie haben nichts gesagt, sie haben bloß geschaut.

Dann hat es stark gepoltert und geklirrt. Der Vater ist aufgesprungen und hat die Tür aufgerissen und hat gerufen: „Der Nikolaus kommt!" Meine Schwester ist aufgestanden, und der Dackel hat gebellt. Dann ist der Nikolaus hereingekommen und hat gesagt: „So!" und daß er jetzt da ist, und dabei hat er stark auf den Dackel geschaut. Ich habe gleich gewußt, daß es die Tante Klara ist, denn das hat man schon an den langen Fingernägeln gekannt und an dem Geruch, und ich habe mir gedacht, das gibt eine Viecherei.

Der Nikolaus hat gegrunzt und hat gesagt: „Seid Ihr auch alle brav gewösen?" Ich habe gerufen: „Jawohl, Herr Nikolaus." Da hat der Nikolaus gehustet und hat gesagt: „Das ist schön von Euch, aber ich glaube es nicht." Darüber habe ich mich sehr geärgert, und ich habe gerufen: „Tante Klara, dir hängt der Unterrock vor!" Da hat der heilige Nikolaus geschnappt und hat gefragt: „Wo?" Alle haben hingeschaut und haben gesehen, daß der Nikolaus Seidenstrümpfe angehabt hat und noch dazu die lila von der Tante Klara, die hinten blau gestopft waren. Und wie mir dann noch das Lachen ausgekommen ist, hat der Nikolaus gemerkt, daß ich ihn bloß getratzt habe und daß jetzt alle wissen, daß er die Tante Klara ist. Da hat er eine furchtbare Wut gekriegt und mit einer hohen Fistelstimme geschrien, daß ich der unverschämteste Rotzlöffel bin, den es gibt, und er kommt mir schon.

Ich bin ganz hinten gewesen auf der Bank, ich hab schon gewußt warum. Die Nikolaustante hat furchtbar mit dem Stecken herumgefuchtelt und nach mir geschlagen. Sie hat mich aber nicht erwischt, weil ich ganz hinten gesessen bin, dafür hat sie den Maßkrug von meinem Vater erwischt, und das Bier ist über die Tischdecke gelaufen und meinem Vater auf die Hose. Der ist aufgesprungen und hat den heiligen Nikolaus gefragt, ob er spinnt, und die Mutter ist aufgesprungen, und der Dackel hat gebellt und ist dem Nikolaus hinaufgesprungen. Der Nikolaus ist gehupft und hat zu meinem Vater gesagt: „Schorsch, bind den Köter an!" aber mein Vater war schon bei der Tür draußen wegen der nassen Hose.

Dann war es eigentlich schon fast Schluß, nur der Nikolaus hat noch was sagen wollen, aber es ist nicht gegangen, weil er die Oberlippe hinaufziehen hat müssen, sonst wäre ihm der Bart heruntergefallen. Er hat immer probiert, ob er noch pappt; aber der Leim war schon trocken, drum hat der Nikolaus nichts mehr gesagt, nur geschnappt und die Augen gerollt, und dann ist er zur Tür hinaus.

Gleich darauf hat es einen Heidenspektakel gegeben. Der Nikolaus hat geschrien: „Sauviech miserabliches!" Und dann hat es gepoltert wie bei einem Gewitter. Ich bin gleich hinausgelaufen, damit mir nichts auskommt. Es ist mir auch nichts ausgekommen, denn ich habe gerade noch den heiligen Nikolaus gesehen am Ende von der Treppe mit die Füß nach oben. Diesmal hat der Unterrock wirklich vorgeschaut. Er war himmelblau.

Ich habe furchtbar gelacht und geschrien: „Der Nikolaus ist geflogen!" Aber da ist mein Vater trotz der nassen Hose gekommen und hat mir eine Ohrfeige gegeben. Er hat gesagt, ich weiß schon warum.

Am nächsten Tag ist meine Tante Klara gekommen und hat sehr giftig geschaut, besonders auf mich. Und wie sie gegangen ist, habe ich noch gehört, wie sie zu meinem Vater gesagt hat: „Nächstes Jahr kannst du deinen Nikolaus selber machen."

Sie hat auch nie mehr einen gemacht.

Das fromme Krippenspiel von der Fräulein Zwickenbüchs

Das Fräulein Zwickenbüchs, welches eine Lehrerin ist, hat mit ihren Mädchen ein Krippenspiel aufführen wollen und ist in unsere 5. Klasse gekommen und hat gesagt, sie braucht zwei Knaben, welche sehr kuraschiert sind. So bin ich und der Schnaglmiller Wastl ausgesucht worden, und das hat uns sehr gestunken. Dann hat man uns viel Papier gegeben, und es hat geheißen, das ist das Textbuch.

Am Nachmittag haben wir im Mädchen-Klassenzimmer sein müssen, und das Fräulein Zwickenbüchs hat uns gefragt, ob wir das Textbuch durchgelesen haben und wie es uns gefallt. Mein Freund Schnaglmiller Wastl hat gesagt, er hat es schon durchgelesen und er glaubt, daß es ein Krampf ist. Aber sie hat gesagt, nein, es ist sehr ernst und hintergründig, und sie hat es selber gedichtet.

Ich habe einen Oberhirten machen müssen und der Wastl den heiligen Josef. Das Fräulein Zwickenbüchs hat gesagt, sie selber macht den Erzengel, der wo zu den Hirten kommt. Ich habe mir gedacht, das kann schon eine Viecherei geben, man muß sich nur was ausdenken. Dann hat sie gesagt, wir müssen eine Krippe basteln, weil wir Knaben sind und ihre Mädchen können das nicht. Zuerst haben wir gedacht sie soll uns kreuzweise mit ihrer Krippe. Aber der Huber Beni, welcher eine Kramerei besitzt, hat uns eine Persil-Schachtel gegeben, und da haben wir an drei Seiten ein braunes Papier hingepappt. Das Fräulein Zwickenbüchs hat gesagt, das ist sehr dürftig für eine Krippe vom lieben Jesulein, aber zur Not geht es.

Wie es dann auf die Aufführung hingegangen ist, da hat sie befohlen, wir sollen ja gescheite Schuhe anziehen, denn die Fußballschuhe, die wir immer anhaben, sind so ordinär. Und sie passen nicht zu dem heiligen Stück, hat sie gesagt, weil die Hirten damals auch anders gekleidet waren. Der Wastl hat gemeint, daß auf der Bühne alles anders ist, auch die Erzengel. Aber da ist sie noch böser geworden, als sie schon ist, wo sie doch eine Lehrkraft ist. Und sie hat furchtbar geschimpft, daß wir Rotzlöffel sind, die man züchtigen sollte. Ich habe den heiligen Josef angeschaut, welcher der Wastl war, und ich hab eine Wut gekriegt, weil die Mädchen so blöd gekichert haben, und ich habe gedacht, das kriegen wir schon noch.

Der Wastl hat zuerst gemeint, mit Wasser wäre es das beste oder mit einem Knallfrosch. Aber mir sind Mäuse eingefallen, und ich hab gesagt, es muß doch nett ausschauen, wenn ein Erzengel auf der Bühne hupft, und bei der Zwickenbüchs muß das besonders lustig sein. Bis zur Aufführung haben wir fünf lebendige Mäuse zusammengebracht, was sehr schwierig war.

Bei der Aufführung waren viele Leute da, und auch der Bürgermeister war da und der Loderer von der Feuerwehr und der Pfarrer. Und in der Zeitung ist gestanden, es ist ein Krippenspiel, was das Fräulein Zwickenbüchs selber gemacht hat.

Das Fräulein Zwickenbüchs war sehr aufgeregt und hat immer gesagt: „Seid sehr innig, weil ihr ein frommes Spiel aufführt, besonders du, Schnaglmiller." Und der Wastl hat gesagt: „Jaja", und daß es schon recht ist, und er hat sich gedacht, mir wollen einmal schauen, wer inniger ist. Ich hab den Mantel vom Schulhausmeister angehabt, wo er immer den Nikolaus damit macht, und der Wastl auch sowas. Das Fräulein Zwickenbüchs hat ein Engelsgewand angehabt, das ihr Nachthemd war, und nur mit einem Goldrand, und unten haben ihre dünnen Füße herausgeschaut wie bei einer Ente. Oben auf dem Kopf war ein goldener Heiligenschein aus Pappendeckel, und die Flügel haben sehr lustig ausgeschaut und waren hinaufgemacht wie ein Rucksack und auch aus Pappendeckel.

Der Wastl, welcher der heilige Josef war, hat gesagt, sowas Schieches hat er noch nie gesehen, und gegen sowas ist eine Vogelscheuche eine Schönheitskönigin. Aber sie hat sehr ernst getan, und die Mädchen, welche mitgespielt haben, haben auch sehr ernst getan, wie der Vorhang aufgegangen ist. Ich war der Oberhirte und habe sagen müssen: „O wie ist es kalt zunächten, wenn nur Engel kämen und ein Feuer brächten." Und dann ist sie auf die Bühne gekommen, und dazu hätte ein Mädchen hinter der Bühne eine Schallplatte mit einem Glockenspiel anmachen sollen. Man hat die Schallplatte schon angemacht, aber es ist kein Glockenspiel erklungen sondern: „Mir san die lustigen Holzhackerbuam", was ich ausgetauscht habe. Da hat der heilige Erzengel geschrien: „Ausmachen, ausmachen!" Und der Heiligenschein ist von ihrem Kopfe geflogen, weil sie so hastig war und gar nicht innig. Und sie hat ganz lange gebraucht, bis sie ihn wieder droben gehabt hat.

Aber dann sind wir ohne Glocken würdevoll zu dem Stall geschritten, welcher auf der anderen Seite von der Bühne war. Da habe ich sagen müssen: „Was dringt hier heraus für ein leuchtender Schein, ich glaube das ist das Jesulein." Dann hat man den Vorhang weggetan, welcher eine Tür hätte sein sollen, und man hat meinen Freund Schnaglmiller Wastl als heiligen Josef gehört, wie er innig gesagt hat: „O wie lieblich ist das Antlitz von dieser Person, ich glaube, das ist ein Engel von Gottes Thron." Er hätte damit das Fräulein Zwickenbüchs meinen sollen als Erzengel, aber das Antlitz von ihr war gar nicht lieblich, weil der Wastl die Krippe verkehrt hingestellt hat, und da ist draufgestanden „Persil bleibt Persil". Da sollte eigentlich der Erzengel was sagen, aber er hat nichts mehr herausgebracht, und man hätte auch nichts verstanden, weil mein Freund Huber Beni, welcher ein Teil vom Publikum war, so laut gelacht hat und die anderen auch, und nur der Herr Pfarrer hat „Ruhe!" geschrien.

Das Spiel wäre bald noch weitergegangen, und der Erzengel ist sogar noch mit würdigem Schritt, wie es im Textbuch steht, auf die Krippe zugeschritten, und er hat die Arme ausgestreckt und hat gerufen: „Sehet, sehet...", und er wollte noch sagen „das Kindelein", aber so weit ist es nicht mehr gekommen, weil der heilige Josef den Mechanismus mit der Mausschachtel schon aufgemacht hat, und wie der Erzengel gerufen hat: „Sehet, sehet", da sind die Mäuse schon durch das Stroh herausgekommen, die erste langsam und die zweite schnell.

Da hat man nur mehr einen Schrei gehört , und das Fräulein Zwickenbüchs war schneller von der Bühne herunten wie ein echter Erzengel, und alle Hirten sind auch davongelaufen, weil es Mädchen waren. Nur ich und der Schnaglmiller Wastl waren auf der Bühne und haben ein inniges Gesicht gemacht. Dann hat man den Vorhang zugezogen.

Später hat es geheißen, daß wir das Spiel verhunzt haben. Aber es war gar nicht verhunzt, denn der Huber Beni hat gesagt, das war das Schönste, was er in seinem ganzen Leben gesehen hat, und er täte drei Runden zahlen, wenn er das Fräulein Zwickenbüchs noch einmal so sehen könnte. Er hat sie aber nie mehr sehen können.

Das ist sehr schade, denn der Wastl hat gesagt, mit einem Knallfrosch in der Krippe wäre es auch ganz nett gewesen.

Das psychologische Weihnachtsgschenk
vom Onkel Pepi

Der Onkel Pepi ist furchtbar gescheit oder er tut wenigstens so. Er ist übrigens auch drei Jahre aufs Gymnasium gegangen, bevor er dann wieder in die Hauptschule zurück ist. Er kann sogar ein paar lateinische Wörter, die er immer sagt. Man weiß bloß nicht, ob sie stimmen. Der Onkel Pepi hat auch schon Bücher gelesen über ganz gescheite Sachen, wenigstens eines und das heißt: „Die Psychologie des Kindes". Seitdem tut er immer in Psychologisch. Er steckt immer den Bauch noch weiter heraus, wenn er davon redet.

Letztes Weihnachten war er auch schon da und hat zu meiner Mutter gesagt, es ist unerhört, wie sinnlos die Eltern ihre Kinder beschenken. Zu der Puppe von meiner Schwester hat er gesagt, das züchtet herotische Gefühle oder sowas, und zu dem Spielzeugauto von meinem Bruder Fritzerl hat er gesagt, das verstärkt den Geschwindigkeitsrausch im Kleinkinde, und das ist eine ernste Gefahr für die Bildung der Seele. Derweil ist das Fritzerl gar kein Kleinkind mehr, weil er schon Watten kann, und Rausch hat er auch keinen. Mein Vater hat gesagt, es ist ein Krampf; und der Onkel Pepi war beleidigt und hat gemeint, dann muß wenigstens er ein Weihnachtsgeschenk geben, das die Seele des Kindes günstig beeinflußt. Das wird schon wieder so ein Buch sein wie im letzten Jahr das Buch „Das brave Kind und der Heilige Nikolaus", das ich gleich meinem Spezi gegen drei Packerl Kaugummi vertauscht habe, weil es so ein Käse war.

Ich selber hab mir nichts ausdenken müssen, was ich meinem Bruder Fritzerl schenke, denn ich bin kein Filosofist oder wie das Zeug heißt. Ich hab mir gedacht, ich schenk ihm eine Wasserspritze, so eine zum Zielen, denn die gefällt ihm sicher, und ich kann sie auch brauchen.

Dann ist der Heilige Abend gekommen. Wir haben nach dem Abendessen auf den Onkel und die Tante warten müssen, die immer kommen, weil die Tante Clementine sagt, es rentiert sich nicht, daß sie für zwei Leute eigens einen Punsch machen. Es täte sich aber schon rentieren, denn der Onkel Pepi trinkt so viel, daß es sich schon rentiert. Aber vielleicht täte er weniger trinken wenn er selber zahlen muß.

Sie sind dann gekommen, und der Onkel Pepi hat seinen Bauch sehr würdig vorgestreckt, und er hat gesagt, er hat ein Geschenk für uns auf Grund von seinen psychologischen Studien. Ich habe mir gleich gedacht, daß es dann nichts Gescheites sein kann. Es war auch nichts Gescheites. Es waren lauter rote und grüne Karten, und der Onkel Pepi hat gesagt, er hat es selber gemacht und ausgedacht, und die Tante Clementine hat es angemalen. Auf den roten Karten ist zum Beispiel draufgestanden: „Was wünscht sich ein artiger Knabe?" oder: „Was bekommt ein folgsamer Hund?" Und auf den blauen Karten war immer die Antwort, also zum Beispiel: „Er wünscht sich eine gute Note." oder: „Er bekommt einen Hundekuchen." Die Tante Clementine hat gesagt, es ist furchtbar lustig, wenn die Fragen und die Antworten nicht zusammenpassen. Es war aber ein Krampf, ob es zusammengepaßt hat oder nicht.

Dann hat es einen Punsch gegeben, und der Onkel Pepi hat gleich loslegen wollen mit dem Trinken. Und bloß, weil ich meinen neuen Fußball ausprobiert habe und damit an die Tür geschossen habe, drum ist der Onkel Pepi so erschrocken, daß er aufgesprungen ist, und er hat gleich angefangen, von den seelischen Entwicklungsstörungen im Kindesalter, und er hat mich gemeint, was eine Gemeinheit war. Da war ich sehr froh, wie das Fritzerl gekommen ist und hinter seinem Rücken die Spritze gehabt hat. Ich habe gleich gewußt, daß ihm sowas einen Spaß macht, und ich habe auch gleich gesehen, daß die Spritze gefüllt war, aber der Onkel Pepi hat es nicht gesehen. Man hat sehr gut zielen können mit der Wasserspritze, ich habe es vorher schon vom Balkon aus beim Herrn Pfarrer ausprobiert. Das Fritzerl hat auch gut zielen können, denn er hat gleich aufs erste Mal den Onkel Pepi ins Genick getroffen. Der ist aufgesprungen und hat geschrien, man hat ihn ermordet, und er hat dabei das Punschglas von der Tante Clementine umgeschmissen, und die hat auch gleich geschrien, daß der schreckliche Knabe sie verbrüht hat. Dabei wars der Onkel Pepi, der das Punschglas umgeschmissen hat. Es war ein fürchterliches Geschrei, und nur mein Vater hat sich umgedreht, damit man nicht sieht, wie er lacht.

Ich glaube, wegen dem Wasser allein wäre der Onkel Pepi gar nicht gegangen. Er hat sich schon wieder hinsetzen wollen und hat gesagt, man muß der Tante Clementine wieder vollschenken, weil alles auf ihrem Rock war. Aber da hat die Tante Clementine zuerst in der Luft geschnuppert und dann beim Onkel in den Hals hineingerochen. Und der Onkel Pepi hat sich im Genick abgewischt und dann an seiner Hand gerochen. Dann hat er schrecklich die Augen gerollt und auf das Fritzerl geschaut, und dann hat er gerufen: „Der Knabe ist ein Sadist!" Das Fritzerl ist aber kein Sadist, sondern er hat bloß das alte Wasser aus der Blumenvase nehmen müssen, das nicht mehr ganz frisch war. Es war ja nichts anderes gerade da.

Und außerdem war das gar kein schlechter Einfall, denn der Onkel Pepi und die Tante Clementine sind heimgegangen, und wir haben auch etwas von unserem Punsch gekriegt.

Seit der Zeit hat uns der Onkel Pepi nie mehr etwas zu Weihnachten geschenkt, nicht einmal mehr etwas Psychologisches.

Warum der Zangerl Felix ein Genie ist

Der Zangerl Felix ist ein Genie. Bloß nicht in der Schul. Aber sonst. Da hat er zum Beispiel in eine Weihnachtskerze von seiner Tante Konstantine einen Knallfrosch hineingebastelt. Sowas bringt sonst keiner fertig. Das hat seine Tante Konstantine auch gesagt. Wie es gekracht hat, da hat sie gleich gesagt: „Das war der Felix, denn das bringt sonst keiner fertig." Der Felix hat auch den toten Ratz in das zweite Bett von dem Herrn Rehwandl getan, welcher ein Witwer war und immer gesagt hat, das zweite Bett wird nicht benutzt. Aber dann hat die Pettenbichler Zini doch einen Schrei getan und ist aus dem Haus vom Herrn Rehwandl herausgerannt und hat geschrien, sie geht nie mehr hinein, weil es ihr so graust.

Was für ein Genie der Felix ist, das hat man besonders beim letzten Heiligdreikönig gesehen. Da hat nämlich der Herr Kaplan gesagt, er möchte mit seinen lieben Ministranten einen alten Brauch hochhalten und die Sternsinger von Haus zu Haus ziehen lassen. Man soll ihnen also was geben, wenn sie ein frommes Lied singen, hat er gesagt.

Der Zangerl Felix ist zum Herrn Kaplan gegangen und hat gefragt, ob er keinen Heiligen Drei König machen kann, er kann bestimmt fromm dreinschauen. Der Herr Kaplan aber hat geantwortet: nein, das kann er nicht. Fromm dreinschauen kann nur ein frommer Knabe und nicht so ein frecher Bursche, wie er ist, und er hat schon seine Leute, und es sind drei Ministranten.

Der Felix hat zur Antwort gegeben: „Macht nichts, ist wurscht." Und er ist zum Belscher Vinzenz und zum Glatzer Hans gegangen und hat sie gefragt, ob sie keinen Heiligen Drei König machen wollen. Er selber trägt einen Stern und kassiert.

Der Glatzer Hans war gleich einverstanden, und der Belscher Vinzenz hat gemeint, er macht lieber den Schwarzen nicht, weil er sich sonst waschen muß. Aber der Felix hat gesagt, er streicht ihn mit Schokolad an, und das kann man dann abschlecken. Am Abend hat er aber dann doch Ruß genommen, weil kein Schokolad da war.

Die Gewänder waren nicht ganz königlich, weil es die Nachthemden vom alten Zangerl waren, aber die Kronen aus Pappendeckel waren gut, und der Stern, den der Felix gebastelt hat, war ein Meisterwerk. Zum Sternbasteln hat man ja kein Rechtschreiben gebraucht.

Weil der Felix erfahren hat, daß die Ministranten um 7 Uhr vom Pfarrhof weggehen, drum ist er mit seiner Mannschaft schon um 5 Uhr losgezogen, und sie haben viel kassiert. Nur ein paar Leute haben sich gewundert, wie der heilige Melchior gesagt hat, man soll den Hund herauslassen, weil noch falsche Heilig Drei König kommen können, und man soll diese Burschen hinausschmeißen.

Der Herr Kaplan hat es erst um halb 8 Uhr von seinen Ministranten erfahren, und er hat gesagt, das ist eine Schurkerei, und die Ministranten sollen es noch einmal versuchen und beim letzten Haus anfangen.

So sind also die einen Heiligen Drei König vom Herrn Kaplan auf die anderen Heiligen Drei König vom Zangerl Felix gestoßen, und da hat man wieder gesehen, daß der Zangerl Felix doch das größere Genie ist. Dem sein Stern war nämlich auf einem Haselnußstecken aufmontiert und war recht brauchbar und der vom Herrn Kaplan nur auf einem Bambusstecken, und der ist gleich abgebrochen. So ist also dem Zangerl seine Mannschaft Sieger geworden, und nur der Königsmantel vom heiligen Balthasar hat einen Triangel gehabt; aber der alte Zangerl hat gesagt, das Nachthemd kann man ja wieder flicken.

Am andern Tag haben einige gefragt, was das für unartige Kinder waren, die da spät abends noch geläutet haben und so aufdringlich gewesen sind, wie man ihnen nichts gegeben hat. Aber die echten Heiligen Drei Könige, die schon sehr früh gekommen sind, die waren sehr schön. Und die Frau Doktor hat gesagt, sie waren entzückend. Alle haben bestätigt, daß sie wie wirkliche fromme Heilige ausgeschaut haben.

Da war der Herr Kaplan ganz still und hat nichts gesagt. Und die Ministranten auch nicht, weil man sie so verwachelt hat. Der Herr Kaplan hat sich nur überlegt, ob er den Felix im nächsten Jahr nicht doch als heiligen Melchior hernehmen soll.

Man soll sich ja immer gut stellen mit einem Genie.

Der Herr Hingerl und die Weps

Der Herr Hingerl hat vielleicht die Wepsen dick! So dick schon, das kann ich Ihnen gar nicht sagen, wie dick daß er sie hat, wo ihn doch als kleinen Buben gleich neun auf einmal gestochen haben. Noch dazu in der großen Vakanz. Da täten Sie auch die Wepsen dick haben, wenn Ihnen gleich neun in der großen Vakanz stechen täten. Der Herr Hingerl sagt immer: „Derbaatsen müßt man sie alle auf einmal."
Außerdem war das auch wegen dem Zwetschgendatschi und wegen die Suislepper. Die Suislepper sind nämlich die Frühäpfel im Garten vom Herrn Hingerl. Die sind so gut und so süß, und man kann diese Sorte gar nirgends kaufen. Aber, wenn man einen aufklaubt, einen abgefallenen Suislepper, dann ist er angefressen, und es kommt gleich ein halbes Dutzend Wepsen draus raus.
Und beim Zwetschgendatschi ist es das gleiche. Da, wenn man draußen sitzt auf der Veranda und die Frau Hingerl bringt die Platte voll Zwetschgendatschi mit recht viel Zimt und Zucker, dann kommen gleich die Sauviecher angeschwirrt und hocken sich drauf. Da soll man keine Wut kriegen, wenn man auf seiner eigenen Terrasse keinen Zwetschgendatschi essen kann ohne daß man Angst haben muß, daß einen so ein Viech sticht.
Also, wie gesagt, der Herr Hingerl wird schon narrisch, wenn er bloß so ein gelbgestreiftes Biest sieht, und er tät sie immer am liebsten alle derbaatsen.
Und jetzt, wo er gerade in seinem kleinen Garten spazieren geht, da sieht er die Wasserschüssel voll Wasser, die immer dort steht, damit sich die Vögel baden können und die früher einmal eine Hundefressenschüssel war wie die Hingerls noch den Nero gehabt haben.
Aber in der Wasserschüssel da ist kein Vogel drin, sondern es schwimmt ein Weps drin, so ein gelbgestreiftes Mistluder. Und, wie der Herr Hingerl merkt, daß die Wespe nicht mehr herauskommt, weil der Rand zu glatt ist, da geht er hin und freut sich, daß das Biest da drin schwimmt und zappelt und mit ihre durchsichtigen Flügel schlägt. Da denkt sich der Herr Hingerl: Recht geschiehts dir, du Mistviech. Jetzt dersauf nur recht langsam, nachher kannst dich nimmer auf meinen

Kuchen setzen. Und er schaugt voll Schadenfreude, wie dieses abscheuliche Viech in der Futterschüssel voll Wasser schwimmt und nicht herauskommt. Wo er doch die Wepsen so dick hat.

Und die Weps zappelt immer mehr und rudert mit alle ihre sechs Füß von einem Schüsselrand zum andern, und sie will immer wieder hinaufklettern auf den glacierten Rand. Aber das geht nicht. Dann ist sie manchmal schon so schwach, daß sie ausruhen muß und nur so im Wasser liegt und gar nicht mehr mit die Flügeln schlagt. Und der Herr Hingerl denkt sich: Jetzt wirds bald dersaufen. Armes Viech. So elendiglich in einer Hundsfressenschüssel umkommen müssen. Aber, wenn man ihr jetzt ein Blattl hinschmeißt, dann tät sie vielleicht hinaufklettern können. Aber dann tät sie sich wieder auf den Zwetschgendatschi setzen oder die Suislepper anfressen.

Eigentlich weiß der Herr Hingerl nicht so recht, was er tun soll. Ein Mistviech ist es, da ist gar kein Zweifel, denn alle Insekten mit gelbe Streifen sind Mistviecher. Aber einfach so in dem Wasser schwimmen und nicht rauskönnen! Mein Gott, was muß dieses arme Ding für eine Todesangst haben. Das soll einem dann nicht leid tun? Da kann man ja gar nicht zuschaun.

Da geht der Herr Hingerl schnell an den Fliederbusch daneben und zupft ein Blattl ab und schmeißts ganz vorsichtig neben die Wespe ins Wasser. Und das Viecherl erwischts mit seine vordersten Füß und krabbelt hinauf, ganz hinauf auf das schwimmende Fliederblattl, und dann putzt es sich seine Flügel, und der Herr Hingerl denkt sich: Jetzt sollt man es derbaatsen. Aber, wer bringt schon so ein kleines wehrloses Ding um, wenn mans zuerst gerettet hat vorm Ertrinken. Da hätt mans ja gleich ertrinken lassen können. Also schaugt der Herr Hingerl zu, wie sich die Weps ihre Flügel putzt. Ganz im Trockenen ist sie, und das ist dem Herrn Hingerl auf einmal, wie wenn man ihn selber herausgezogen hätt aus dem Wasser und ihn in ein Rettungsboot gesetzt hätt. Und er sagt: „Gelt, wennst mich net hättest", und er schaugt ganz zufrieden und ein bisserl glücklich zu, wie sich das Insekt mit seine Füß über den Kopf streicht und über die Fühler und über die durchsichtigen Flügel.

Und wie die Weps dann das Krabbeln anfangt und wie das Fliederblattl beinah umkippt, da ruft er: „Jetzt fall nur net wieder nei ins Wasser, sonst zieh ich dich nimmer raus." Und grad wie er das sagt, da fliegt die Weps weg.

Und gleich drauf schreit die Frau Hingerl von der Terrasse her: „Xaver, komm!" Und gleich drauf schreit sie noch einmal: „Schick dich, sonst hocken sich die Wepsen auf den Zwetschgendatschi!"

Tatsächlich, wie er hinkommt, da hockt schon wieder so ein gelbgestreiftes Mistvieh drauf und schleckt an dem Zimt und Zucker und an dem Zwetschgensaft.

„Drecks-Wepsen", wettert der Herr Hingerl und haut mit dem Taschentuch nach dem Insekt, „wenns nur gleich alle auf einmal derbaatst wäraten, die Bluats-Wepsen!"

Die Aussicht

Es wollt einmal ein Regenwurm
zur Aussicht auf den Aussichtsturm,
weil er seit seiner Kinderzeit
nichts andres sah als Dunkelheit.
Die Aussicht auf die Aussicht bloß,
war leider Gottes aussichtslos,
weil er, der doch im Finstern wohnte,
ja überhaupt nicht sehen konnte.
Und trotzdem stieg der Wurm hinauf,
jedoch der Turmhahn fraß ihn auf.

Wer keine Augen hat zum Sehn,
der steige nicht auf solche Höhn!

175

Der Löwenzahn

Hab ich Ihnen schon die Gschicht vom Kogler Alex verzählt? Eigentlich ist das mehr die Gschicht vom Löwenzahn. Oder die Gschicht vom Löwenzahn und vom Kogler Alex. Ist ja wurscht.

Also, da hat der Kogler Alex einmal eine Blume gesehen in einem Garten von einem König. Das war vielleicht eine Blume! Sowas könnens Ihnen gar nicht vorstellen. Das heißt, eigentlich könnens Ihnen das schon vorstellen. Die Blume war gelb. Aber schon so ein Gelb wie es der Kogler vorher noch gar nie gesehen hat. So gelb schon! Ganz dunkelgelb war das, wie ein Gold fast. Und wie in einem grünen Korb war das Gelbe. Lauter kleine gelbe Spitzen waren das, Hunderte, was sag ich, Tausende von gelben Spitzen, und in der Mitte da war der Blütenstaub, und der war genau so unbändig gelb.

„Ja gibts denn das auch", hat der Kogler zu sich gesagt, „ein sowas Schönes."

Da ist der Haushofmeister von dem König gekommen, und da hat der Kogler gleich gefragt: „Sie, Herr Haushofmeister", hat er gesagt, „was ist denn das für eine schöne Blume, die so gelb ist, daß man sich was Gelberes gar nicht vorstellen kann?"

Der Herr Haushofmeister von dem König hat zur Antwort gegeben: „Das ist eine von die seltensten Blumen, die wo es gibt, und es gibt sie nur in dem Garten von dem König, und sie heißt Löwenzahn. Und der Herr König laßt sich jeden Morgen da hertragen und schaugt sie an, und die Frau Königin schaugt sie auch an, und sie gefreut sich, weil der Löwenzahn so schön ist und so selten."

Da ist der Kogler Alex zum Herrgott gegangen und hat gesagt: „Du, lieber Herrgott, Du hast da eine gelbe Blume gemacht und die heißt Löwenzahn, und sie wachst nur in dem Garten von dem Herrn König. Und, bittschön, tät es Dir was ausmachen, wenn Du mehr davon machen tätest, denn das müßt eigentlich so unbändig schön sein, wenn da mehrere Löwenzahn beieinander wärn und blühen täten."

Der Herrgott hat nicht gleich was gesagt, und da hat der Kogler Alex noch weitergebohrt und hat gemeint: „Weißt Du, was meinst, wie die Leut da schaugen täten, wenn sie gleich ein paar Löwenzahn sehen täten und womöglich eine ganze Wiese voll, und die wär ganz gelb vom Löwenzahn."

„Meinst, Kogler", hat der Herrgott gesagt, „ich glaub, da kennst Du die Leut schlecht. Schaug, ich hab ihnen die Berg gemacht, und wenn ich nicht die Fremden gemacht hätt, dann tät überhaupts niemand hinschaugen. Und die Seen und die Bäum und die vielen Blumen hab ich gemacht. Und wer paßt drauf auf? Ha?"

„Ja, doch", hat der Kogler gemeint. „Das gibts aber doch gar nicht, daß die Leut sowas Schönes nicht sehen täten wie eine ganze Wiese voll Löwenzahn."

Da hat der Herrgott geschmunzelt und hat noch dazugesagt: „Du wirst es je sehen, wenn Du es nicht glaubst."

Er hat nicht nur eine einzige Wiese voll gelbem Löwenzahn blühen lassen, sondern gleich Dutzende und Hunderte.

Aber, wer hat wieder einmal Recht gehabt? Der Kogler Alex oder der Herrgott? Ja, pfeilgrad, da gehen die Leut vorbei und schaugen gar nicht hin, und bloß manche essen die Blätter als Salat und sagen, das schmeckt gut. Aber ein solcherner Salat ist eine Geschmacksache, und mit den herrlichen Blüten hat er auch nichts zu tun.

Und die Frau Scheese, die wo jetzt auch einen Bungalow bei uns hat, die hat neulich gesagt, so ein Löwenzahn ist ein Unkraut in ihrem Garten.

Wie der Kogler Alex den Herrgott wieder getroffen hat, da hat der Herrgott bloß geschmunzelt. Und der Kogler Alex hat auch nichts gesagt, denn, was soll man auch zu sowas sagen!

Der Schuster Flimmerl und der heilige Michael

Wie der Schuster Flimmerl Michl von Unterhachtlfing in der Dorfkirch war und allerweil den heiligen Erzengel Michael aus Gips angeschaut hat, da hat ihn scheints ganz plötzlich der Schlag gestreift, und schon war er hin. Er hats gar nicht richtig gemerkt, aber auf einmal war er am Himmelstor, und der heilige Petrus hat ihm persönlich aufgemacht.

„Ich bin der Flimmerl Michl von Unterhachtlfing", hat der Michl ganz verlegen gestammelt. Und, bittschön, hat er gesagt, ob er da rein darf. Der Petrus hat in seinem Bücherl nachgeschaut. „Ein Schuster bist", hat er gemeint, „und Deine Frau hat auch keinen Guten geraucht. Ah, ah, ah. Da brauchts kein Fegfeuer mehr, da kannst gleich hinterkommen, den langen Gang entlang und bei der Abzweigung rechts und dann die vierte Tür links. Da gehörst Du hinein."

„Dank schön", hat der Flimmerl Michl gesagt und ist den langen Gang entlang und bei der Abzweigung rechts. Und bei der vierten Tür links da hat er geklopft und jemand hat „herein" gerufen.

Da ist der Erzengel Michael mit seinem Flammenschwert drin gewesen. Der Michl hat ihn gleich gekannt, weil er in der Dorfkirch von Unterhachtlfing genauso war, bloß aus Gips war er da, aber genauso.

„Grüß Gott", hat der Michl gesagt, „ich bin der Schuster Flimmerl von Unterhachtlfing, und es freut mich besonders, daß ich Ihnen triff, weil, ich heiß auch Michael." „Das gefreut mich auch", hat der Erzengel Michael gesagt, „ich warte schon lang auf Ihnen", denn der Erzengel redet fast hochdeutsch, damit ihn auch die Teufel verstehen, die ja hochdeutsch reden. Und mit die Teufel hat ers ja immer zu tun, weil er mit seinem Schwert den Himmel verteidigen muß.

„Ich bin ohne Umweg hergegangen", hat der Flimmerl Michl versichert. Und, weil er halt einen Dischkurs haben hat wollen, drum hat er gefragt: „Wie wird man eigentlich ein Erzengel?"

„Mei", hat der Michael zur Antwort gegeben, „mei, man wird halt so erschaffen als Engel. Aber jetzt schleun Dich. Ein Schuster ist mir schon lang versprochen worden vom Petrus. Da, schau einmal meine Schuh an."

Er hat so lange Stiefel angehabt, so Stulpenschuh, die fast über die Wadeln gegangen sind. Der Flimmerl Michl hat sie schon gekannt, denn der heilige Michael aus Gips in der Kirchen von Unterhachtlfing hat ja die nämlichen Stulpenschuh angehabt, bloß auch aus Gips.

„Sind sie nimmer gut?" hat der Flimmerl Michl gefragt.

„Undicht sind sie", hat der Erzengel erklärt. „Das ewige Rumhatschen auf die Wolken ist ja nicht das beste für die Schuh."

„Es ist mir eine große Ehre", hat der Schuster gesagt. „Ziehns bloß einen Schuh aus, daß ich das Maß nehmen kann."

„Aber lang darfst nicht brauchen", hat der heilige Michael befohlen und hat einen Schuh ausgezogen. „Ich muß immer alarmbereit sein", hat er erklärt, „der Luzifer kann jeden Moment wieder vor der Himmelstür stehn und reinwollen. Dann muß ich Alarm geben und mit dem Martinshorn nübersausen und ihm mit meinem feurigen Schwert eins über die Pratzen hauen."

„Wie ist das eigentlich mit dem Luzifer", hat der Flimmerl Michl wissen wollen, „der war doch eigentlich Ihr Bruder."

„War er", hat der Erzengel zugegeben und hat seinen Fuß hingestreckt, damit der Schuster das Maß nehmen kann. „Aber er war aufsässig."

„Aha", hat der Flimmerl Michl gemeint, „das schon. Aber wie war denn das damals? Ihr habts eine Prüfung bestehn müssen, und die einen habens bestanden, und die andern habens nicht bestanden und sind durchgefallen und sind Teufel worden. So haben wirs gelernt."

„Genauso wars ja auch", hat der Erzengel Michael bestätigt, „genauso wars. Er hätt auch Haleluja singen können, der Luzifer. Aber, was hat er gemacht, der Bazi? Aufsässig ist er geworden, anstatt, daß er gesungen hätt."

„Aha", hat der Schuster Flimmerl sinniert, „aufsässig ist er geworden gegen seinen Vater, den Herrgott. Gspassig. War da eine Erziehung schuld?"

„Da war keine Erziehung schuld", hat der Erzengel gebrummt, „wir haben alle die gleiche Erziehung gehabt als Engel und Erzengel."

„Aber, was hat er denn dafür können, daß er so geworden ist?" hat der Schuster gefragt. Ein Schuster kann schon recht bohrerisch sein, wenn er was wissen will.

„Du kannst vielleicht saudumm fragen", hat der Erzengel festgestellt. „Nimm besser das Maß von meine Füß, daß die Schuh nicht drucken." „Ich mein ja bloß. Nichts für ungut", hat der Flimmerl Michl gesagt und hat das Maß aufgeschrieben.

Dann hat aber der heilige Erzengel Michael ganz von allein wieder angefangen. „Da hat er schon etwas dafür können", hat er gesagt, „das war sein freier Wille."

Sowas ist natürlich für einen Schuster schon ein bisserl hoch, und er hat ganz bescheiden gefragt: „Was ist das: ein freier Wille?"

„Das hättest lernen können im Religionsunterricht", hat der Erzengel geschimpft. „Ein freier Wille ist eben ein Wille, der frei ist. Verstehst?"

„Nein", hat der Schuster treuherzig gesagt, denn er war ein ehrlicher Mensch.

„Also", hat der Erzengel Michael wieder angefangen, „ein jeder Mensch, und ein jeder Engel erst recht, hat einen freien Willen und kann sich entscheiden zu Gut oder Böse. Und da hat sich der Luzifer für das Böse entschieden."

„Aber der Herrgott hat doch den Luzifer so erschaffen", hat der Schuster Flimmerl gemeint, „da kann er doch nichts dafür, daß er vom Herrgott so erschaffen worden ist. Oder?"

Mit dem hat der Schuster Flimmerl Michl aus Unterhachtlfing den heiligen Erzengel Michael fein ganz schön in Verlegenheit gebracht. Und da hat der Schuster auch noch weitergebohrt: „Der Herrgott hätt ihm bloß einen anderen Willen geben brauchen", hat er gesagt, „keinen so bocksbeinigen, irgendeinen, so, wie den Ihrigen."

„Jetz sag bloß", hat da der heilige Michael geschrien, „jetzt sag bloß, daß ich vielleicht den Willen vom Luzifer gekriegt haben könnt und er den meinigen!"

„Genau das hab ich mir denkt", hat der Schuster ganz leise gemeint und hat die Länge vom großen Zehen aufgeschrieben, damit die Schuh nicht drucken.

Aber da ist der heilige Erzengel fein ganz schön zornig geworden, und der Schuster hat gleich gesagt: „Nichts für ungut, ich hab ja bloß fragen wollen."

Und, daß das Gespräch eine andere Wendung nehmen sollt, hat er ge-

fragt: „Sollt ich für die Engerl auch Schuh machen? Die sind alle nakkert in der Kirchen von Unterhachtlfing und haben keine Schuh."
„Nichts", hat der heilige Erzengel Michael gerufen, „für die bist Du nicht zuständig." Und dann hat er gemeint: „... Und einfach sagen, der Herrgott hat den Luzifer so gemacht und mich so, und drum könnt der Luzifer nichts dafür. Das ist fei allerhand. Bloß einfach sagen, der kann nichts dafür, weil er für seine Erziehung nichts kann und auch nichts, daß er so gemacht worden ist. Aber, paß auf, ich erklär Dirs noch einmal."
Aber auf einmal hat der heilige Erzengel Michael geschrien: „Jesus, der Luzifer!" Aber in dem Moment hat der Teufel Luzifer dem Flimmerl Michl einen Stoß gegeben, daß er pfeilgrad wieder in der Kirchen von Unterhachtlfing gesessen ist. Da hat der Michl gemerkt, daß das nicht der Teufel Luzifer war, sondern seine Frau, also dem Flimmerl seine Frau. Und die hat gezischelt: „Jetzt schlaft das Mannsbild beim Pfarrer seiner Predigt ein. Ja, wachst Du nicht gleich auf, Du Ladierl!" Und da ist der Schuster Flimmerl gleich ganz schnell zu sich gekommen, und vor ihm war der heilige Erzengel Michael aus Gips von der Pfarrkirchen von Unterhachtlfing. Und der Herr Pfarrer hat gepredigt über die Sünde und den freien Willen. Aber gleich darauf hat er „Amen" gesagt, und die Predigt war aus. Da hat der Schuster Flimmerl gegrübelt und hat gedacht: „Schad, daß ich aufgeweckt worden bin. Vielleicht hätt es mir der heilige Erzengel doch noch erklären können wie das ist mit dem malefiz freien Willen."

Lebenszweck

Ein Kater, in den alten Tagen,
der plagte sich mit alten Fragen.
„Weshalb", so sprach er gramvergällt,
„kam ich nun eigentlich zur Welt?
Durch mich hat sich die Katzenschaft
nicht im geringsten hochgerafft.
Ich hab nicht Wissenschaft betrieben
noch habe ich ein Buch geschrieben,
ich bin nur immer rumgesessen
und habe furchtbar gut gefressen."
Kurzum, er suchte nun vergebens
nach Sinn und Zweck des Katzenlebens.

Hätt das Verhältnis er gekannt,
das schließlich ihn mit mir verband,
so hätt er nie so deprimiert
zwecks dieser Dinge nachstudiert.
So kraul ich ihm den Rücken zart
und flüstre ihm in seinen Bart:
„Mein lieber Kater, du warst da.
Was mich betrifft, so reicht das ja."

Doch, von dem Kater infiziert,
hab ich nun selber nachstudiert
und frage mich nun nach dem Sinn,
weshalb ich auf der Erde bin,
hab doch nicht allzuviel erreicht. –
Doch letzten Ends denk ich: vielleicht
hat irgendwer und irgendwas
an meinem Dasein einen Spaß.

Man wird durch diese Parallele
zufriedener auf alle Fälle.

Der Kleinwagen

Es lebte einmal in Tripsdrill
ein winziges Automobil.
Es war zwar recht klein, doch zufrieden
mit dem Los das ihm beschieden.
Und nur aus Lust am Experimentieren
fing es an zu studieren.
Es wollte das Tiefste ergründen
und ein Mittel zum Wachsen finden.
In einem Fachbuch für Medizin
stand auf Seite 417 drin
daß, wenn man den Fall wohl erwäge
es an den Hormonen läge
und etwas vielleicht noch am Vitamin.
Des Abends kocht nun statt seinem Benzin
das kleine Auto infolgedessen
zum Abendessen
einen Topf voll Hormonen und Vitaminen,
die ihm zum Wachsen geeignet schienen.
Am nächsten Morgen aber steht es
vom Bett auf als riesengroßer Mercedes.
Das Automobil war nun augenblicklich
ganz todunglücklich.
Es denkt an die Steuer und ans Benzin
und schnell, mit Hormon und Vitamin,
die es schleunigst sich kochte und aß
schrumpft es zusammen aufs alte Maß
und lebt seitdem wieder in Tripsdrill
als kleines, liebes Automobil.

Man sieht daran augenblicklich:
die Großen sind gar nicht so glücklich.

Das Lied von der Einsamkeit

Ottokar, das war ein Wolf, ein junger,
der in seinem Rudel glücklich war.
Oftmals hatte er zwar mächtig Hunger,
doch die Horde ließ auch was dem Ottokar.

Dann – vielleicht mit Seelenwanderung erklärlich –
kriegt er Skrupel, gar nicht wolfsgemäße.
Und er hielt die Herde für entbehrlich,
und so manches, was sie taten, auch für böse.

Als sie einen Gutsbesitzer fraßen
und, als Nachtisch sozusagen, auch sein Pferd,
sagte Ottokar: „Das ist gewissermaßen
unanständig und verdammenswert."

Doch, weil er das alles kritisierte
und sich dauernd über was beschwerte
und mit nichtkonformen Reden schikanierte,
schmiß man ihn hinaus aus seiner Herde.

Ottokar, der sich zwar distanzierte,
fühlte sich nun plötzlich ganz allein,
und er wünschte, was ihn erst genierte,
wieder bei dem Rudel nun zu sein.

Einsamkeit ist schwerlich zu ertragen
und nicht nur bei Wölfen ist das so.
Bei der Horde gibt es kein Nach-gut-sein-Fragen.
Wenn es trotzdem ist? Naja, seid froh!

Denn nur Zufall ists wenn D e i n e Horde gut ist
und nicht mordet, plündert, stiehlt und raubt.
Stellt Euch vor, wie einem Mann zu Mut ist,
wenn er Böses tut und an das Gute glaubt.

Der kleine Magnet mit der Sehnsucht im Leib

Auf einer großen Wiese da geht
ein kleiner Magnet.
Er hat sich ganz fest wie ein U gekrümmt,
man sieht drum genau, daß bei ihm was nicht stimmt.
Sein Herz ist so schwer,
denn er sehnt sich so sehr.
Die Sehnsucht, die steckt nun schon ununterbrochen
in ihm seit undenklich vielen Wochen.
Er weint, wenn man nur sein Leiden erwähnt,
dabei weiß er nicht mal, nach was er sich sehnt.

Vor längerer Zeit traf er eine große
verrostete, schmutzige Heringsdose.
Er fühlte sie förmlich. Und augenblicklich
stürzt er sich drauf und war sehr glücklich
und preßt sich an sie und war sehr wild.
Er hoffte, die Sehnsucht wär dadurch gestillt.

Doch merkte er bald: das war gar nicht so. –
Und als man ihn wegriß da war er fast froh,
und er ließ, mit fast zugegebenem Vergnügen
die Dose im Straßengraben liegen.

Nun wandert er weiter, der kleine Magnet,
bei dem seine Seele aus Sehnsucht besteht,
und hofft, daß er einmal ein Eisen findet,
das ihn für immer und ewig bindet.

Wir wünschen ihm sehr, daß sein Wunsch bald erfüllt wird,
und wünschen auch uns, daß das Sehnen gestillt wird,
obwohl wir, das muß man am Schluß noch erwähnen,
ganz wie der Magnet unser Ziel gar nicht kennen.

Ergebnis der Existenzial-Philosophie

In einem Käfig, nicht sehr groß,
da saß ein Zeiserl, sorgenlos.
Weil es den Käfig nicht begriff,
drum war es glücklich, sang und pfiff.
Und wenn einmal durch Unverstand
das Türchen grade offen stand,
dann blieb es trotzdem sitzen.
Was sollte es auch nützen!

Dann gab ein Teufel ihm Verstand
und gab ihm Bücher in die Hand.
Das Vöglein sitzt und grübelt nun:
Bin ich nicht frei? Kann ich nicht tun,
was mir gefällt und mir beliebt,
weil es doch keine „Pflicht" mehr gibt?
Das „Müssen" ist erlogen,
„Moral" ist anerzogen.
So denkts und flattert hin und her,
es fühlt sich frei, doch sorgenschwer.
Es weiß: Ich darf, wenn ich nur kann.
Es denkt erbost: Mich widerts an,
den Menschen zum Ergötzen
mich in den Käfig setzen.
Es fühlt sich – endlich – ganz befreit
von Gott, Moral und Dankbarkeit. –
Und, als das Türchen offenstand,
da ist das Zeiserl durchgebrannt,
denn „Willensfreiheit" war nun mal
sein angelerntes Ideal.

Die Sache ging drei Tage gut,
doch dann beruhigte sich sein Blut.
Es konnte ja kein Futter finden.
Aus diesen, und aus andren Gründen
verwarf es aller Freiheit Glück,
kehrt in den Käfig nun zurück.

Die Freiheit ist nur Theorie,
die Nützlichkeit behindert sie.

Der Solist

In einer waldgeschmückten Au,
da lag ein See. Der war so blau
und war so lieblich und so schön,
daß alles kam, um ihn zu sehn.
Und jeder rief: „Das schuf der Herr,
als obs ein Stück vom Himmel wär."

Ein Wassertröpflein, winzig klein,
das bildete sich plötzlich ein,
es wäre ganz besonders schlau
und ganz besonders klar und blau.
Drum sprangs aus diesem See heraus
und hoffte dadurch auf Applaus,
doch farblos wars und unscheinbar,
seitdems kein Stück vom See mehr war.

Du merkst im Leben oft: Du bist
als Teil viel mehr wie als Solist.

Etwas über unsere Justiz

Ein Nagel sprach zur Zange:
„Mir ist vor dir schier bange."
Die Zange sprach darauf:
„Da hört sich alles auf;
nur, wenn du unterm Hammer dich
verkrümmst, beiß ich dich fürchterlich."
Der Nagel meint: „Nun schau,
das ist es ja genau.
Ihr sagt, das Krummsein wäre schlecht,
doch, wenn ich auch gerad sein möcht,
so ist mein Wesen doch zu schwach,
beim Hammerschlag da geb ich nach.
So habt doch mit mir Armen,
ich bitte Euch, Erbarmen."
Die Zange aber sagt:
„Wer krumm ist, wird gezwackt."
Mir scheint, die Zange ist
ein grausamer Jurist.
Wenn uns ein Schicksalsschlag verbiegt,
wird man verurteilt und gezwickt,
und keiner fragt dabei,
obs unsre Schuld wohl sei.
Das Recht (in manchem Fall)
ist unrecht und brutal.
Doch sagt man sich zum Schluß,
daß es so bleiben muß.

Sensation

Ein Eisberg ist einmal im hohen Norden
– die Mutter ein Gletscher – geboren worden.
Weil er sich aber verwirklichen wollte,
drum dachte er, daß er verreisen sollte.
In Grönland warn viel zu viel Eisberge da,
drum dachte er: auf nach Afrika!
Kurzum, er schwamm dann im Rückenschwumm
um Schottland und Irland herum (wie dumm!).
Bald drauf war er dann in Lissabon
ein Knüller und eine Sensation.
Erst recht dann in Gibraltar in der Enge,
da stauten sich Fernsehn und Menschenmenge;
und schließlich war dann in Afrika
die Presse der Welt zum Interview da.
Er wär noch verwirklicht mit großer Karriere,
wenn er nicht inzwischen geschmolzen wäre.

So mancher, das sieht man an dieser Geschicht,
hält sich für bedeutend, wenn man von ihm spricht.

Der kleine Stein

Es lag einmal grad in der Mitt
von einem Weg ein Stückchen Split.
(Ihr wißt ja sicher, was ich meine,
es sind die kleinen, spitzen Steine.)
Kurzum, der ganz spezielle Stein,
der bildete sich plötzlich ein,
er wäre mehr als die Kollegen,
die um ihn lagen auf den Wegen.
Er sprach recht stolz: „Das sieht doch jeder,
daß ich fast sieben Millimeter
die breite Masse überrag." –
Doch als ich fuhr, da wo er lag,
da bildete ich mir nun ein,
die Straße müsse eben sein.
Ich sah ja nicht einmal den Stein,
geschweige denn sein Größersein.

So manchen gibt es, der sich sagt,
daß er die andern überragt,
doch, wenn mans von Distanz besieht,
dann ist bestimmt kein Unterschied.
Der liebe Gott im Himmelreich,
der sieht uns sicher alle gleich.

Sommerabend über dem See

1. Son - ne ist ver - sun - ken hin - ter dem Ber - ges-
rand. Lei - se sinkt der A - bend ü - ber das stil - le
Land. Ei - ne leich-te Wol - ke glänzt noch im goldnen Schein,
dann ver-löscht auch die - se, Gril - len zir-pen im Hain.

2.
Der See ruht tief im Schweigen
unten im weiten Tal.
Zarte Nebel steigen,
Stille ist überall.

Silberne Sternlein funkeln,
spiegeln im Wasser sich.
Mensch, verweil im Dunkeln
und besinne Dich.